激活增长

剧变时代快速增长四步法

周辰飞　江竹兵◎著

中信出版集团 | 北京

图书在版编目（CIP）数据

激活增长：剧变时代快速增长四步法 / 周辰飞，江竹兵著 . -- 北京：中信出版社，2022.10（2025.5 重印）
ISBN 978-7-5217-4782-9

Ⅰ . ①激… Ⅱ . ①周… ②江… Ⅲ . ①企业利润－企业管理－研究－中国 Ⅳ . ① F279.23

中国版本图书馆 CIP 数据核字 (2022) 第 171321 号

激活增长——剧变时代快速增长四步法

著者：　周辰飞　江竹兵
出版发行：　中信出版集团股份有限公司
（北京市朝阳区东三环北路 27 号嘉铭中心　邮编　100020）
承印者：　北京盛通印刷股份有限公司

开本：880mm×1230mm　1/32　　印张：7.25　　字数：141 千字
版次：2022 年 10 月第 1 版　　印次：2025 年 5 月第 4 次印刷
书号：ISBN 978-7-5217-4782-9
定价：69.00 元

目　录

序一　择高潜行

剧变时代，企业更需要有突破增长的信心。

有经济学家预测，未来10年中国将成为全球第一大经济体。如果此预测应验，那么未来10年，中国会有许多企业随之跨入世界一流企业的行列。即使在当下，放眼望去，所有行业的竞争已然是全球化竞争……全球一体化的趋势、商业模式和信息技术的变化、后疫情时代对各行各业的影响，都让企业面临越来越多的不确定性。

这是一个最坏的时代，也是一个最好的时代。因为企业之间的竞争，不再是简单的“大鱼吃小鱼”，而是“快鱼吃慢鱼”。谁的反应更敏捷高效，谁更能把握目标用户的需求变化，提供超出用户预期的体验，谁就有快速成功、突破增长的机会。

如何在剧变时代变中求胜？《激活增长》一书给出了非常好的方法和工具：激活企业家精神、激活战略性增长、激活管理、激活员工“心、脑、手”，打通从战略到执行的一致性，同时把握一个关键字——快。

企业家需要择高而立。企业能否实现突破增长，首先在于企业家的选择。未来不管企业想飞多高、飞多远，企业家都要坚定增长的信心。“不谋万世者，不足谋一时；不谋全局者，不足谋一域。”事实就是如此，我们只有站得高，才能有全局思维，一览众山小；我们只有站得高，才能坚守长期主义，因为我们能看到别人看不到的，我们的角度与众不同。企业家首先要做的就是激活自己，心怀伟大梦想，找到伟大使命，立志通过奋斗创造一个有无限可能的未来。

但是从战略到执行，企业往往存在巨大的鸿沟。

企业家在把自己激活后，要把事业梦想、战略愿景通过一套实效的逻辑工具，转化为具体可落地的组织经营规划，甚至细化为简单可执行的员工关键动作，同时要通过机制设计，让员工与企业成为利益共同体、事业共同体。激活团队的目的在于，让员工不只是为公司干，更是为自己干。人人都是经营者，都可以创造价值。这对企业家和核心管理团队来说，是一个巨大的挑战。企业既要有从战略到执行的一致性系统规划，还要打造一个敏捷高效的团队——有动力、有能力、有执行力，从而快速反应并取得成果，实现业绩利润的突破增长，而这一直是企业在战略和执行上的痛点。

行动教育的目标是建设世界级实效商学院，而“实效”强调“大道至简”。企业的经营管理不能做复杂，因为每一个管理动作的背后都是成本，更何况在剧变时代，企业面临“快”的挑战。

实现战略、经营、管理、执行的一致性是《激活增长》一书的核心。这本书在帮助企业打通一致性的基础上，通过战略聚焦、目标聚焦、策略聚焦、资源聚焦、机制聚焦来抓住核心主轴，将战略性增长落实为员工的绩效成果，从而帮助企业快速实现突破增长。同时，这本书从战略规划、组织能力、应变速度三个方面帮助企业打造敏捷型组织，从而实现良性的可持续发展。

“高高山顶立，深深海底行”，既擅长制定战略又懂得如何执行的企业，更能赢得未来。行动教育至今合作了 7 万家企业，有 15 万名学员，合作客户中走出了 600 多家上市企业。周辰飞老师和江竹兵老师所带领的 4N 绩效团队深入企业，以绩效为抓手，持续为企业护航，这是行动教育体系中最能体现实效落地且成果显著的咨询辅导板块。《激活增长》一书包含大量实战案例，其中一些企业更是通过两位老师的辅导，规模从几亿元增长到几十亿元，然后成长为百亿级企业，成为某一行业的领导者。全球光伏背板行业持续领导者中来股份、全球一流智能终端显示及触摸组件方案和产品提供商同兴达等上市企业，都是与两位老师持续合作 5 年以上的百亿级企业。

我相信两位老师从最佳实践中提炼的激活增长逻辑，可以给企业带来有效启发。

行动教育集团董事长

李践

2022 年 8 月

序二　力出一孔，利出一孔

改革开放40多年来，中国经济实现了年均约两位数的快速增长，但是现在的环境和形势发生了很大的变化。双循环、大数据、低碳化等，都在影响我们的生活，经济速度放慢和经济结构调整，对企业的发展也产生了巨大的影响。在大变革时代，有远大梦想的人会积极探寻市场中的机会。

企业家精神有五大内容：爱国、创新、诚信、社会责任、国际视野。中国有顶天立地的企业家群体，他们带领企业艰苦奋斗，创造了巨额财富。今天我们鼓励企业家弘扬企业家精神，在把公司做好的同时兼济天下。

彼得·德鲁克（Peter Drucker）曾经指出：企业的发展空间是由企业家的思维空间决定的。企业越是面临挑战，企业家越要向内求索：找回事业梦想，坚定创业初心，不断强化事业使命，为实现愿景而集中精力，培养持之以恒的耐心，瞄准大势所趋，实时“造势”，适时“借势”。企业家是“敢为天下先”“勇于创造”的创新精神的代表。

要想适应新的发展理念，企业需要识别大势、激活增长。

我担任中国上市公司协会会长已两年多，有一个认知是：中国经济早就不处于“企业能够野蛮生长”的时代。很多企业的问题在于偏离主业、盲目扩张、追逐短期热点，没有形成对未来发展的系统性思考，没有将主业做精、做强。

周辰飞老师和江竹兵老师提出的一致性“激活增长模型”，有非常好的系统性逻辑，在激活企业家精神的基础上，强调从战略到经营，再到管理和执行的一致性。

制定战略是企业的头等大事，这决定了一个企业未来的发展方向。企业家的首要任务就是制定战略，这需要取舍，更需要聚焦，从而使企业心无旁骛地做好主业。

经营向外，管理向内。在充满不确定性的环境中，企业更要快速反应，做好经营，有效创造利润。管理向内要求企业提升效率，通过好的管理把企业做强、做优。

最后，非常重要的一点是激活人。企业靠人、企业为人，只有激发员工的潜能，企业才能最大化地取得突破性经营成果。

两位老师没有大量讲理论、谈道理，而是真正把这套一致性增长逻辑通过实践案例，转化为简单、好懂、能落地的方法。这本书的行业案例涉及关于精密科技的制造型企业、关于水产养殖的农牧企业以及直接面对终端消费者的医疗行业、生活服务行业等，各行各业的企业都可以从中得到直接的实践启发。

我认为这是中国管理咨询的发展方向——既有商学院的系统性研究、实效教学，也有深入不同行业的企业实践。过往，我们读的大多是西方人的经营著作，而今天中国企业拥有 14 亿人的大市场，同时拥有 40 年来开拓的国际市场，这表明中国的管理咨询实践有着引领各行各业发展的实效价值。

从激活企业家精神到打通战略、管理、执行的一致性，整个组织实现“力出一孔、利出一孔”。我觉得在大变革时代，这是能够帮助企业快速打赢战争、跨越生命周期的核心逻辑。我期待像《激活增长》这样的行业实践书，能帮助更多的企业激活增长、大有作为！

中国上市公司协会会长

中国企业改革与发展研究会会长

宋志平

2022年新春

序三　企业既要创新，也要做减法

如今的商业世界，变化极快，企业必须敢于变革。

贝蒂·查尔斯·福布斯（Bertie Charles Forbes）在美国创办《福布斯》杂志时，整理并统计了1917年世界上最大的100家公司，截至1987年，存活下来的企业仅有39家，至今它们已经全部被淘汰了。这些企业当时有最好的人力资源、最低的资金成本、顶尖的产品、最优秀的客户，为什么百年之后，没有一家企业存活下来呢？这表明，企业需要深思业绩和生存的挑战。

而现在，变革加速：标准普尔500指数中的公司，平均寿命在1935年是90年，现在已经下降到18年。标准普尔500指数近年来平均流转率加快，企业被加速淘汰。不仅是美国资本市场，中国资本市场同样如此，这就是我们所生活的真实商业世界。企业经营中的变化、成功和失败越来越迅速。技术革新的加速、商业模式的变化和全球经济的一体化，都对企业经营提出全新的挑战。成功的企业相信：后天和今天截然不同，变革会以迅雷不及掩耳之势来临。创新有风险，而不创新的风险更大。回想以往商业史，正如我于 1987 年在《创新：进攻者的优势》一书中提到的，企业要想持续成功，就需要适应不断变化的客户需求。为了保持基业长青，即使是最成功的企业，也需要对自己发起创新进攻。

2021 年 5 月，有幸受 4N 绩效的周辰飞老师邀请，我和中国最优秀、最有潜力的一群企业家进行了“创新与战略一致性”的主题分享和交流。基于在过去半个世纪里对所有大公司的变革和战略的研究，我再次强调了商业世界的四个基本要素：运营、创新、淘汰、控制。管理者的头号职责是运营，第二职责是创新，创造一些新的业务，创造新的企业。但是，比做加法的创新更为重要的是淘汰，也就是做减法！回顾 30 多年来在麦肯锡服务世界最优秀的企业的经历，我依然感觉到，既可以成功创新，又可以成功做减法的企业是非常罕见的。

商战不是一家小公司与巨无霸企业之间的竞争，而是众多创业公司和巨无霸企业之间的竞争。任何一家大公司的失败，都不是自己的失败。中国的每一家上市公司都面临与几十家同一行业非上市公司的竞争。中小企业如何打败这些上市公司并成为行业领导者呢？

企业利用传统的创新方式是不可能打败竞争对手的，只有 20 世纪著名的经济学家约瑟夫·熊彼特（Joseph Schumpeter）提出的创造性破坏（creative destruction）理论才能给企业带来新的机会。企业如果想做大、做强，就一定要不断地进行创造性破坏。约瑟夫·熊彼特认为商业世界的现实情况是：永远不要进行价格和产量竞争，重要的是关于新商品、新技术、新供应来源或新型组织形式的竞争。

真正伟大的企业家，不仅会做加法，还会做减法。企业必须做出一些主动的淘汰，即使做减法比预想的难，就像在生活中舍掉旧东西一样难。企业如果想获得一致性增长，最重要的就是做减法。做减法是做加法的前提，是创造的前提。

我在麦肯锡工作期间观察到：对比几家全球优秀企业的数据，强生公司在美国资本市场的业绩 10 年涨了 6 倍，年化增长率比市场平均增长率高 5.9%；丹纳赫公司的年化增长率比市场平均增长率高 11.1%，它连续 35 年实现长线增长，业绩达到 1 660 亿美元。

中国的很多大企业都不断地进行收购、收购、收购，而丹纳赫公司的特点是不断地收购，然后退出，它一直是活跃的并购者、剥离者。与一般公司不同，剥离业务不是被市场淘汰的过程，而是丹纳赫公司主动做减法的过程。它主动卖出目前赚钱但是未来没有增长的业务，只保留最有竞争力的优质业务。

《激活增长》一书的两位作者都是非常优秀的青年学者、企业管理顾问，他们在书中提到：识别大势，从目标用户的核心需求出发进行战略选择；主动取舍，聚焦有未来价值的核心业务，跨越发展的 S 曲线；形成从战略到管理，再到执行的一致性增长。在创新与战略的一致性方面，他们给中国企业带来很好的启发。

企业怎样持续成功，我们还未找到完美的答案。旅程还没有结束，而实践是唯一的方式。

中国正处于独特的经济发展时期，正在成为“全球创新领导者”，中国的企业高管和企业家需要坚定变革的勇气，不断突破创造。我期待有更多企业加入优秀先行者的行列，激活增长。

美国艺术与科学院院士

美国科学、工程和医药学院主席团主席

耶鲁大学管理学院教授

麦肯锡荣休董事、高级合伙人

创新S曲线提出者

理查德·福斯特（Richard Foster）

2022年2月

导言　企业一致性增长的系统逻辑

企业不增长，就退场

管理大师拉姆·查兰（Ram Charan）曾说："在快速变化的世界中，如何主动出击、变中求胜，是每个企业家都要思考的问题。"

如今，世界已进入 VUCA 时代——一个充满易变性（volatility）、不确定性（uncertainty）、复杂性（complexity）和模糊性（ambiguity）的剧变时代。企业正面临越来越不确定的未来：行业趋势不确定，市场份额不确定，竞争对手不确定，团队人才不确定，等等。而新冠肺炎疫情加剧了这种不确定性，企业的经营越来越困难，业绩下滑，利润削减。有的企业甚至遇到了生存瓶颈：人才难以留住，业务无法推动，管理处处受阻。

船只在江上航行，不奋力向前就会被水流裹挟着逆行；企业在剧变时代生存，不持续增长就会被淘汰。企业从诞生的那一天起，就面临着永恒不变的宿命——增长。人的本质是成长，企业的本质是增长。企业不增长，就退场。在 VUCA 时代，不增长就是退步，而退步意味着要被时代抛弃。时代的一粒灰，落在个人头上是一座山，落在企业头上也是一座山。

增长对于企业的重要性不言而喻，许多企业家迫切地希望企业能够逆风翻盘、一扫颓势，或者稳步上升、持续盈利。然而现实情况是，企业的经营环境正在以过往 10 倍以上的速度发生变化，黑天鹅事件[①]频繁发生。今天的企业既要思考如何从战略和经营策略上应对外部变化，又要思考如何系统提升组织能力，以确保组织拥有敏捷、高效、快速的反应和良好的执行力，实现突破增长。这是当下企业经营者面临的巨大挑战。

企业要么激活增长，走向基业长青，要么退场。优秀的企业经营者会把变化和不确定性当成自己的朋友，从中挖掘机会，争取变中求胜。

什么是激活增长，增长什么

既然要激活增长，企业经营者首先要清楚什么是激活增长，增长什么。

① 黑天鹅事件是指难以预测，但突然发生时会引起连锁反应、带来巨大负面影响的小概率事件。

激活增长不是什么，是什么

在这个要求企业不断变革才能生存发展的剧变时代，企业需要的不是“头头是道却不见效”的理论，也不是“只有方案却不落地”的报告。虽然越来越多的企业意识到需要借助外力来为自己提供专业咨询服务，以减少试错成本，但是咨询项目都有边界，要么只能解决战略问题，要么只能解决某一个管理模块的问题。许多咨询项目只是在点上打深，无法形成系统性的解决方案，这导致企业从战略到执行存在巨大的鸿沟。企业如何从“知道”到“做到”，这是一个大问题。

激活增长是帮助企业经营者思考如何从战略上应对变化，如何从经营上突破增长，如何从管理和执行上激活员工，从而打通企业战略、管理和执行的一致性增长法则。由此可知，激活增长不是鸡汤，不是纸上谈兵，更不是点状发散、执行无序的口号。

增长什么

“引爆增长”“激活增长”已经成为众多企业的目标和口号。那么，激活增长究竟要增长什么？

对于这一点，不同的企业经营者有不同的理解。有的企业经营者说要增加用户数量，有的企业经营者说要增加收入，有的企业经营者说是利润最大化……

在互联网领域，大家习惯以日活跃用户数量的增长来评判企业未来的发展前景。如果某互联网企业旗下产品的日活跃用户数量飞速增长，那么它很快会得到资本的青睐。但仅凭日活跃用户数量的增长就判定这家企业未来可期，实则是一个非常大胆且冒险的举动。因为有些日活跃用户通常只会使用免费产品，在这些用户未成为付费用户之前，谁也说不准他们到底能不能为企业收入增长出一份力。企业有可能忙活一通，投入巨大，最后却打了水漂。

传统行业通常以收入的增长来评判企业的发展状况：企业收入越高，说明企业发展越好。但这种评判标准忽视了企业成本的增长以及通货膨胀等因素，具有一定的片面性。有时，虽然企业的收入增长了，但我们计算利润后会发现企业发展得一年不如一年。企业到底追求的是短期利润，还是长期可持续的事业成功，这是很多企业经营者在面对市场起伏、疫情突袭等不确定性事件所带来的巨大挑战时的反思。

当企业经营者对增长的内涵产生误解后，企业的战略、管理、执行等将全部发生偏离，离真正的增长越来越远。所以企业经营者首先要弄清楚：企业到底要增长什么？

无论是用户数量增长、收入增长还是利润增长，都是企业在不同发展阶段要关注的增长成果。持续增长才是所有企业最终的经营目标。

在快速变化的 VUCA 时代，企业要想实现持续增长，就必须快速识别市场大势，做出战略调整，同时快速把战略机会转化为团队的落地执行，从而拿到业绩或利润等经营成果。兼具“快”

和“从战略到执行的系统性落地”的经营挑战看似矛盾，但企业成功的关键就在于一致性增长。

什么是一致性增长？

一致性也称一致性原则或一贯性原则，一般应用于会计核算。其意思是企业所采用的会计处理方法前后期应当保持一致，不能随意变更。后来一致性原则被应用到不同领域，也被应用到企业增长上。一致性增长是指企业经营者一旦做出战略决策，就要通过战略聚焦、目标聚焦、策略聚焦、资源聚焦和机制聚焦，打通战略、管理和执行的一致性，打造一个敏捷高效的组织，从而快速转化增长成果，把企业导向正确的增长路径，实现企业的持续增长。

所以，企业要的是持续增长，激活增长的方法是一致性增长。

企业增长面临的三大关键挑战

近几年，很多企业发现增长压力越来越大，主要原因包括：外部局势发生剧变，市场环境捉摸不定；企业之间的竞争越来越激烈，企业的利润空间不断被压缩；员工越来越个性化、多元化，企业管理面临困难。

4N 绩效的多位导师在多年来帮助企业实现增长的辅导中发现，时代、市场的变化越来越快，今天企业面临的挑战是，既要从战略、管理和执行角度来进行系统性的逻辑考量，也要快速反应、敏捷高效。

这是时代对企业提出的更大挑战，为了应对这一挑战，企业应当思考三个问题：如何在战略上应对变化，如何在经营上实现利润良性增长，如何在管理上激活员工。

如何在战略上应对变化

企业需要思考的第一个问题是：如何在战略上应对变化？

在当今时代，很多未来企业的概念走进现实，任何一个微小的科技发明，都有可能给一个行业带来颠覆性的变革。人们现有的认知将不断被颠覆和重塑，然后变化从一个行业蔓延到另一个行业。

在这种时代背景下，没有一个行业能够稳如泰山。农林牧渔、医药卫生、建筑建材、石油化工、生物科技、金融服务、汽车制造、影视游戏甚至电子元件，各个行业都在发生巨大变化。企业家应当清晰地认识到推动企业战略革新的必要性、紧迫性。

例如，十年前创立的一个西装品牌，走的是大众平价路线。但随着时代的进步、人们消费观念的改变以及互联网的催化，该品牌创始人发现，西装在人们工作、生活中的使用频率越来越低，除非是非常重要的场合。因此，人们对于西装的需求不是平价，而是高品质。同时，市场上可替代的西装品牌太多，抢占了该品牌的市场。此时，如果该品牌创始人再不思考战略革新问题，那么企业在竞争中倒下只是时间问题。

现实情况是，很多企业家不仅没有意识到变化的到来，还出现了思想上的懈怠，变得不再积极。要知道，企业战略不是一成不变的，即便这个战略曾经成功过，失势也是每一个成功战略的必然归宿。

变化是这个宇宙永恒的主题，尤其是在黑天鹅事件频发的当下，企业最初获得成功的各种有利条件随时随地都在发生变化。如果不在变化初期积极应对，那么等到所有有利条件全部不复存在，企业将会受到巨大冲击。

换一个角度思考，虽然这些变化可能会令企业措手不及，但谁又能说这不是企业重新掌握主动权，拉开与其他企业的差距的巨大机会呢？

所以，企业家应该充分思考如何在战略上积极应对变化，并做出战略复盘和修正，这样才能为企业赢得未来。

如何在经营上实现利润良性增长

企业需要思考的第二个问题是：如何在经营上实现利润良性增长？

在过去服务企业的过程中我们发现：许多企业看上去蒸蒸日上，但却毫无利润增长。这些企业可能在十年前就做到了如今的规模，然后就再也无法扩张了。十年前企业的营业额是每年 5 000 万元，今天依旧如此。

“逆水行舟，不进则退”，十年前的 5 000 万元和如今的 5 000 万元绝不可同日而语。虽然这家企业的营业额看起来没变，但考虑到各类生产成本上涨，再加上通货膨胀因素，企业的利润其实是急速缩水的。企业日渐萎缩直至完全亏损，只是时间问题。

企业如果沉醉于当下有序运转的繁华假象，不对利润的良性增长做出思考，那么很快便会被市场淘汰。

当然，绝大部分企业家能够意识到这一点，但推动企业利润实现良性增长绝非易事。于是，很多企业家感慨：现在盈利压力好大。为什么企业家会觉得盈利压力大？要想回答这个问题，我们必须知道利润增长从何而来。

关于利润增长来自哪里，本书用一个简单的公式来回答：

$$10-8=2$$

“10”是企业的销售收入，“8”是成本费用，用收入减去成本，留存的“2”才是企业的利润。也许有人会问，为什么是“10–8”，而不是“10–7”或“10–6”呢？因为绝大部分企业能有 20% 的利润率已经相当不错了，所以我们用“10–8 ＝ 2”来代表大部分企业的利润结构。

那么要想实现利润的良性增长，也就是将利润“2”变得更多，企业要怎么做？首先是想方设法将“10”做大，增加企业的销售收入；其次是控制“8”，降低成本。但控制成本不是不花钱，而是关注成本投入有没有带来更高的产出与回报，也就是关注成本费用率（成本费用率＝成本费用总额 / 营业收入 ×100%）。

只有将“10”做大，同时控制“8”，企业最终才能实现“2”的增长与突破。

现在回到最初的那个问题：为什么企业家会觉得盈利压力

大？这与市场、经济环境有着很大的关系。全球经济都进入了低增长阶段，企业面临的竞争越发激烈，甚至到了惨烈的地步。很多企业发现，“10”的增长遇到了很大的阻力。

而“8”呢？人工成本、房租、物流成本都在不断上涨。除个别行业原材料的价格有所下调外，大部分企业的成本都处于上涨状态，这意味着“8”变大了。

“10”的增长上不去，“8”反而变大了，这导致企业的利润率逐年下滑，盈利表现不理想，有的企业甚至处于亏损状态。所以，企业经营者必须思考如何在经营上实现利润良性增长，突破利润率逐年下滑的困局。企业只有持续盈利，才能基业长青。

如何在管理上激活员工

企业需要思考的第三个问题是：如何在管理上激活员工？

再伟大的战略与经营策略都需要员工执行，所以企业要想激活增长，就要激活员工。

我们在为企业做辅导时，经常听到企业家抱怨：“现在的员工太难管了！”如今，80 后、90 后甚至 00 后员工在企业员工中的占比越来越高，这些员工的自主意识非常强，且其工作选择众多，他们想换工作、能换工作的概率太高。企业以常规手段去管理员工，往往达不到预期效果，甚至出现反作用。

在此情况下，企业应当思考的不是如何更加严格地管理员工，而是如何最大化地激活员工、激活团队。促使员工绩效倍增的关键不是外部压力，而是员工的内在驱动力。激活员工的内在驱动力，才是企业所做的最好的管理。

做企业管理咨询多年，我越发觉得人就像一根弹簧，伸缩力十足。如果企业能够激活员工，那么员工可以被拉伸到极限值“100”；相反，如果企业无法激活员工，那么员工可能根本不动，维持在“1”的状态，甚至给企业带来“–100”的损失。

从“–100”到“100”，企业对员工的激活起着决定性作用。当员工被彻底激活，企业在员工心中就会变成一个追求梦想、实现价值的良好平台，员工不再感到自己是在为企业干，而是在为自己干。

如何在战略上应对变化、如何在经营上实现利润良性增长、如何在管理上激活员工，是当下企业面临的三大挑战，也是企业需要深度思考的三个问题。值得注意的是，这三个问题不能割裂开来。企业经营者不能只谈战略、只谈经营或只谈管理，而是必须同时在这三个维度上做出系统性思考，快速打通这三者之间的一致性，从而使企业实现突破增长。

激活增长模型

当面临上述三大挑战时，企业如何才能激活增长？

我们在帮助诸多企业实现增长的过程中，探索了企业增长的奥秘，掌握了其中蕴含的增长规律，并根据此规律总结出激活增长模型（见图 0–1）。

图0-1　激活增长模型

激活增长的第一步是激活企业家精神

变山变水先变人，变人先变领头人。企业家是企业的标杆，企业家自己想实现增长，是激活增长的第一步。这里产生了两个问题：

- 为什么要激活企业家精神，而不是企业家呢？
- 激活企业家精神与激活企业增长之间的逻辑是什么？

我们首先解决第一个问题，弄清楚企业家和企业家精神的区别。在很多人的观念里，一个人投资创办了企业，他就是企业家，若企业规模够大，那么这个人就是大企业家。但经济学并不这样定义，经济学认为，企业家有特定的精神内涵。企业出资人是老板，但老板未必都是企业家，企业家是一种身份。根据西方学者的观点，企业家精神包括创业精神、创新精神以及履行社会责任的奉献精神。不过我认为，这三点不够。“苟利国家生死以，岂因祸福避趋之”，优秀的企业家必然把企业发展同国家繁荣、民族兴盛、人民幸福紧密结合在一起，主动为国担当、为国分忧。因此，新时代的中国企业家还要具备爱国精神。

人无精神则不立，国无精神则不强。不具备企业家精神的企业家，本质上只是一个生意人，以养家糊口、发家致富、获取并拥有财富为人生目标。当企业面临巨大挑战时，不具备企业家精神的企业家可能会失去信心，产生放弃的念头。即使企业没有陷入困境，不具备企业家精神的企业家也可能会产生止步不前的想法，只想安稳地守着自己的一亩三分地。而具备企业家精神的企业家有着超越财富的更高追求，他们不囿于自身利益，有着坚定的信念和伟大的目标，既能脚踏实地、埋头拉车，也能抬头看路、仰头看天。这类企业家会带领企业取得更加非凡的成就，从而为实现中华民族伟大复兴奠定更加坚实的物质基础，推动中国经济巨轮破浪前行。

接下来我们解决第二个问题，即激活企业家精神与激活企业增长有什么逻辑关系。企业家精神是企业增长的内核。首先，企业增长源于企业家想增长，想取得更好的成绩，唯有如此，企业家才会把企业增长作为一把手工程，才会愿意投入大量的资源来确保企业实现增长。其次，企业增长不是简单地做一个营销动作，而是要激活企业的战略、管理和执行，让整个组织都意识到增长的重要性并掌握增长的方法。而要想在这些方面达成共识，只有企业家推动才有可能成功。最后，企业增长是一场困难重重的马拉松长跑，如果企业家没有形成认知，整个企业增长的内核就失去了原动力。

在激活企业增长的过程中，企业家精神所起的最重要作用是促进认知变革，即通过学习来改变认知、提升认知，形成新的理念、新的组织愿景，进而形成增长战略，并且将认知转化为行动，在行动过程中再反馈，再不断地学习。这样的企业家才能起到引领企业增长，而不仅仅是支持企业增长的作用。

那么，没有企业家精神的企业家如何激活自己的企业家精神，让自己想增长、愿意增长，从而带领企业实现伟大目标呢？对于想增长的企业家，站在新的历史起点，他们如何更进一步激活企业的创造力，带领企业取得更加非凡的成就呢？

激活企业家精神有“三变”：一是改变企业家，令其明确自己是一切的创造者，激发企业家的奋斗意愿和事业梦想；二是改变土壤，将企业家个人的意愿转化为团队共同的使命，让团队成员明确创造用户价值的意义；三是改变目标，择高而立，树立一个伟大的目标，让企业全体员工朝着这个目标长期奋斗，从而形成持续增长的力量。

激活企业家精神的“三变”是递进关系，依次达到“自己变”“团队变”“企业变”的效果（具体方法详见第1章）。

激活增长的第二步是激活战略性增长

企业增长一定要上升到战略层面。在辅导企业的过程中，我们观察到许多企业为了实现增长，走入了战术型增长的误区。这些误区总结起来有六个方面：

- 扩产品：产品线延伸。
- 做促销：用低价促销驱动增长，依赖“双十一”等营销节日。
- 买流量：依靠流量红利驱动增长。
- 追风口：哪个品类增长好，就跟进模仿哪类产品。
- 赶市场：跟风进入既有的红海大市场。
- 靠并购：不断收购，做大体量。

这种基于短期利润的战术型增长，不仅无法持续，还会摧毁企业的长期战略增长潜力。规避增长误区，激活战略性增长，是激活增长的第二步。

企业家如何带领企业找到下一座利润增长山头，找到战略性增长的突破口，从而实现企业增长呢？

激活战略性增长要求企业聚焦、聚焦、再聚焦，这是激活战略性增长的核心。

为什么要聚焦？《战争论》说：“战略上最重要而又最简单的准则是集中兵力。”这句话说的就是聚焦。商业的本质是相通的，所有行业在刚开始时，可能都是一片蓝海、价值洼地，这时企业没有太多的竞争对手，其利润率可能会超过20%。但随着商业模式被逐步验证，源源不断的竞争对手就会涌入。从不完全竞争到完全竞争，企业面前的蓝海会渐渐变为红海，企业的利润率也会逐年下降，最后可能连5%都不到。同时，随着通信技术的发展，企业获取资讯的时间变得很短，这也大大缩短了企业的蓝海时期。

所以，作为企业的领头羊和一把手，企业家要思考如何带领团队找到下一座利润山头，找到战略性增长的突破口。这就是企业为什么要聚焦。

对于企业来说，人、财、物等资源是有限的，聚焦就是把资源集中到一个关键点上去突破，在关键点上形成真正意义上的竞争优势，这样才能让企业获得实质性的利润增长与突破。对于企业家来说，一个人的时间、精力、能力也是有限的，平凡的人如果想要做成非凡的事，就要把自己的时间、精力和能力聚焦到一个核心点上，把这一点做深、做透。

聚焦什么？

聚焦是一种集中资源以实现突破增长的方法，为了避免企业再走弯路，我们根据自身实践和长期观察，对战略性增长落地走过的坑、吸取到的教训进行了总结，归纳出战略性增长路径——“三聚焦”，分别是战略聚焦、目标聚焦和策略聚焦（具体方法详见第2章）。

有执行无战略，企业只会越做越错；有战略无执行，企业会错失百亿商机。我们希望企业能够避免战术型增长，通过激活战略性增长，找到下一座利润增长山头。

激活增长的第三步是激活管理

激活管理在激活增长模型中起承上启下的作用。企业家在激活了自己，坚定了事业梦想后，需要把企业的战略愿景转变为整个组织的战略性增长目标，之后再将目标落实到团队中，也就是激活管理，即在组织重构和执行管控中推动企业增长规划的落地和执行。

管理是把战略从要素转化为高效的组织行为的过程。通俗地说，管理就是把企业家的想法，变成可以落地执行的动作的过程。如果把战略看成一个人的大脑，把落地执行看成一个人的躯干，管理就是这个人的腰。当一个人的腰出了问题，再好的战略都无法执行。

我们在服务诸多企业的过程中发现，很多企业的中高层管理者不作为，却指望员工达到十项全能，这是不现实的。企业中高层管理者要在管理端进行系统性规划和梳理，这样战略目标落到基层员工身上，才能被简单执行，从而推动企业成为一致性增长型组织。

如何激活管理？

企业需要思考三个问题：一是企业的架构如何匹配企业的战略性增长规划；二是怎样优化人才才能确保整个团队精简、高效，从而推动增长规划落地；三是架构调整和人才优化后，如何让团队通过机制的组合驱动和企业的检查落地，将整个增长规划转化为管理成效。因此，我们把激活管理归纳为“三阶段”：第一阶段是组织重构，第二阶段是人才优化，第三阶段是执行管控（具体方法详见第 3 章）。

激活增长的第四步是激活员工“心、脑、手”

在激活企业家精神、战略性增长和管理后，企业需要通过激活员工的“心、脑、手”来实现增长的最大化。这是对员工执行的激活，可以充分调动员工的能动性，从而将战略目标落实下去。

企业为什么要激活员工的“心、脑、手”？因为在激活增长的逻辑中，所有的战略规划和管理手段都需要人去实施、落地。

企业家需要注意的是，这里的员工并不单指基层员工，而是指组织内的所有员工，包括高层管理者、中层管理者和基层管理者。

激活员工“心、脑、手”的价值到底有多大？

激活员工“心、脑、手”的第一个价值是让员工每天在工作上改善一点点，从而使企业业绩大大改善。第二个价值是打通员工的理性思维和感性思维，让感性思维激活行为。第三个价值是打赢“战争”，形成持续竞争力，为企业提供不断前进的动力。

激活员工不是根本目的，取得“战争”的胜利才是。企业在接到一个新项目或制定一个新目标时，可以将其视为企业面临的一场“战争”，顺利完成项目、达成目标，就是打赢了一场仗。激活增长是一场持久战，需要企业始终保持战斗状态。而企业要想打赢这场持久战，就需要打赢每一个项目这样的“小战争”。激活员工的“心、脑、手”，就是让员工打赢每场“小战争”，在“心、脑、手”三个层面都优于竞争对手，从而顺利拿下项目、达成目标。这可以真真切切地帮助员工取得成果。当员工的“心、脑、手”被彻底激活后，企业就能去打更大的仗，赢得更大的胜利。

什么是员工的“心、脑、手”？

“心”等于意愿

“心”是指员工做事的意愿，也可以说，“心”等于员工做事的动力。激活“心”就是激活员工的动力系统，让员工愿意为企业的目标付出努力、奋力拼搏。想做、愿意做，是把事情做好的第一步。每个人的行为背后都有一定的力量在推动，如果缺乏相应的动力，人就不会充满斗志地向前冲，只会原地踏步，或者重复做一些机械性的动作。有意愿、有动力去实现目标的员工，工作效率更高，信心更足，为企业做出的贡献更大。反之，如果员工对企业的宏伟战略、高远目标毫无感觉，以一种“事不关己，高高挂起”的心态工作，企业就无法集中力量实现经营增长。

理性让人思考，感性让人行动。从战略到执行，是从“知”到“行”的过程。从“知”到“行”不只是践行理性的过程，还是理性转化为感性，从而触发情感、引发行动的过程。所以企业必须找到驱动员工的力量，激活员工的动力系统，让员工认为企业的目标与自己有关，并拥有充分的达成目标的意愿，愿意为了企业的经营增长而贡献自己的力量。当员工处于“极度渴望成功，愿意付出非凡代价”的状态时，他们的“心”就被激活了。

“脑”等于能力

“脑”代表智慧，激活“脑”就是激活员工的能力和智慧系统。一般来说，能力指的是一个人的认知和实践水平。激活员工的能力，实际上就是提高员工的认知和实践水平。但这是否意味着企业要让员工达到十项全能？很多企业都会走入这样一个误区：提高员工的能力就是让员工达到十项全能，具备各种能力，企业可以把所有问题都交给他们。但这现实吗？

坦白来说，在企业的经营管理中，这是不现实的。试想一下，如果员工什么都会了，那么他们还会做员工吗？

所以，激活员工的“脑”不是追求十项全能，让员工什么都会，而是根据激活增长的逻辑，找出一招制敌的方法，给员工赋能，让员工有能力践行好关键策略，从而使业绩成果最大化。

“手”等于执行

激活员工的“手”，就是让员工真正动起来，踏踏实实地做事，养成每日、每周的执行习惯，并将这种执行习惯固定下来，而不是夸夸其谈，一直停留在“想”和“说”的层面。一个人有意愿、有能力，不代表这个人能够长久地行动。因为懒惰是人的天性，它随时随地都在发挥作用，拖拽着人向下。

我曾经辅导过一家上市企业，该企业的总裁说过一句令我至今记忆犹新的话。他说：“大量员工没有业绩，有一半的原因是他们根本没有做。”的确，通过对企业的观察，我们发现很多员工的执行力非常弱，通常是间歇性努力、持续性懒惰，今天动一下，明天又“恢复原形”，或者只坐而论道，不起身行动。用一句非常经典的话来说就是，“晚上想想千条路，早上起来走原路”。如果员工一直走原路，企业的执行落地就不会有成效。所以企业要想真正将员工激活，就必须让员工对抗自身的惰性，养成持续性的行为习惯，提高执行力。

如何激活员工的“心、脑、手”？

在“心”方面，企业要通过内在激发和外在激发两个维度，激发员工的爱心和雄心，让他们滋生出责任心和事业心，从而拥有完成业绩的动力和意愿；在“脑”方面，企业可以实行三个措施，一是找出一招制敌的核心策略，二是复制标杆，三是塑造企业的学习力、培养员工的工作能力；在“手”方面，企业要从打破惰性和打破惯性两个维度出发，让员工进行内修和外修，从而塑造员工的执行力（具体方法详见第 4 章）。

做好这几个关键动作，企业就能打通激活增长的最后一个关键环节——激活员工的“心、脑、手”，从而真正实现持续增长。

一本企业“增长真经”

这些年，我们在为诸多中小企业做培训时发现，企业的天然属性是与未知、不确定性做斗争，所以企业家的天然禀赋之一是冒险。为了让企业获得一致性增长，我们看到很多企业家都是充满激情的理想家、战略家、奉献者，也是人群中冲在最前面的“英雄”。当看到这样的企业家、这样的企业因为找不到增长方法而徘徊不前，甚至退出舞台时，我们是无比痛心的。

过去20年，我们一直在深入地研究和实践企业增长的方法。在研究了数千家中国的中小企业后，我们发现很多企业家擅长“打江山”，他们有一股开创的劲头，在“从0到1”的创业中表现得极为出色，擅长进入蓝海市场，并能很快令企业站稳脚跟。但到了“守江山”以及“扩江山”的阶段，他们则变得力不从心，在“从1到N”这个环节中缺乏科学、系统的方法，依旧凭着那股开创的劲头做事。即使交了高昂的学费，企业也难以在红海市场突围，之后逐渐在竞争中落入下风，直至失败退场。

事实上，在我们看来，这些企业所欠缺的东西或所犯的错误，是很容易填补或绕过去的，企业的损失也是可以避免的。尽管激活增长模型已经通过了实践的检验，可以应用于任何领域或行业，但目前仍然没有一本权威、详尽且具有指导性的书来引导各行各业、不同规模的企业进行实践。

写作贵在真和诚。基于“让实效教育改变世界”的使命，我们从2021年春天开始撰写此书。在写作过程中，我们不仅提炼了一致性增长的思想方法和实践经验，还加入了我们的实践案例，目的是想告诉中小企业，当一致性增长的思想方法和实践经验映射到特定企业的特定管理情景时，企业到底该如何转化它们，如何将它们变成一个适合本企业的有效方案。

现在市面上讨论“增长”的书有很多，而《激活增长》最大的价值在于，它所讲的一致性增长体系能够帮助企业快速打通战略与执行，给企业带来成果落地的实效方法。这是一本通俗易懂、循序渐进的增长指南，它适用于任何类型的企业和团队。这是一本最本真、最可靠、最接近企业常识的写在大地上的“增长真经”。

所有思考企业如何增长的读者，都应该常读本书。

周辰飞

2022年7月

第 1 章

激活企业家精神：变山变水先变领头人

彼得·德鲁克曾经指出：“企业的发展空间是由企业家的思维空间决定的。”

企业家精神是企业增长的内核，因为企业增长首先源于企业的一把手想增长。在不确定时代，企业家作为领头人，更要挺身而出，带领企业进行变革，这样才有可能使企业实现增长。

激活企业家精神有“三变”：第一步是改变企业家，激发他的奋斗意愿和事业梦想；第二步是改变土壤，让团队成员明确创造用户价值的意义；第三步是改变目标，择高而立，让所有员工朝着高远目标长期奋斗，从而形成持续增长的力量。

改变企业家：自己是一切的创造者

激活企业家精神的第一“变”是改变企业家。在与诸多企业家交流时，经常有人问：“黑天鹅事件可能会成为一种新常态，企业该怎么办？”我们的核心观点是：作为企业经营者，外部环境的好与坏我们无力改变，我们能改变的只有自己，唯一的选择就是主动适应新常态，改变自己，做好自己。

面对经济下行或经济危机，“免疫力弱”“身体虚”的企业死得快，反之，“免疫力强”“身体壮”的企业能活下来，且有继续做大的机会。纵观全球经济与企业发展史，每一次经济危机都是行业领袖产生之时，每一个危机之年都是企业的“大增长”之年。

改变之因

改变企业家的逻辑是什么？企业家是一切的创造者。世界上的所有企业都是企业家创造出来的。这个世界上本没有苹果手机，史蒂夫·乔布斯（Steve Jobs）创造了苹果公司，这才有了苹果手机；这个世界上本没有福特汽车，亨利·福特（Henry Ford）创造了福特汽车公司，这才有了福特汽车；这个世界上本没有麦当劳，麦当劳兄弟创造了这家快餐企业，这才有了麦当劳……既然企业是企业家创造的，那么变山变水先变人，变人先变领头人，激活企业家精神首先要改变的就是企业家自己。如果企业家自己不想增长，那么增长模型、增长理论再好，都是枉然。

在“激活增长”的课堂上，每当我们分享到此处，有些企业家就会质疑：“所有企业家都想增长，都想把企业做大、做强。”事实并非如此，这里分两种情况：一种是企业家不想增长，不想改变自己，只想守着自己的一亩三分地安稳度日；一种是企业家想增长，但增长意识不强，无法支撑企业实现一致性增长。

针对第一种情况，企业家改变自己的原因很简单：经营企业如逆水行舟，不进则退。

诺基亚曾是手机行业的“战斗机”，从 1996 年开始，诺基亚手机销量连续 15 年排名全球第一。在诺基亚时代，苹果手机的地位简直不值一提。2013 年诺基亚宣布退出手机市场，宣告公司破产，之后被微软收购，诺基亚时代从此一去不复返。当诺基亚 CEO（首席执行官）约玛·奥利拉（Jorma Ollila）在记者招待会上宣布同意被微软收购时，他说了一句话：“我们并没有做错什么，但不知为什么我们输了。”

导致诺基亚破产的原因可能有很多，但最主要的原因之一是企业经营者没有改变自己，没有增长意识。商业世界没有永恒的真理，只有永恒的事实。这个事实是生存，是增长，更是改变和顺应。

物竞天择，适者生存。在行业竞争中，永远是先进替代后进，企业要么增长，要么退场。经营企业如逆水行舟，只有两种状态，要么奋力前进，要么停滞消亡，企业不可能守着自己的一亩三分地安稳度日。企业如果安稳度日，就会没有发展，无法创造出对用户有价值的产品，而竞争对手会迅速抢占市场份额，企业的优秀人才也会流失。这时我们会发现，企业是守不住的。

新冠肺炎疫情是近两年最大的环境变量，不仅影响企业经营，还在很多方面带来不可逆转的变化，改变了企业的经营根基。很多企业家总想着“先守住江山，等疫情过去就能恢复增长了”，这个想法很危险。因为疫情已经使很多基础设施发生变化，比如数字化管理、线上办公等的普及。这种变化是不可逆的，企业家要意识到，经营根基已发生变化，不能再把疫情视作短暂意外。企业家应基于过去经验来制定战略，积极做出改变，寻找新的增长点。接下来，我们给大家分享一个“教科书级”的在逆势下改变自己、乘风破浪、实现增长的案例——三一重工。

2022 年 4 月 22 日，三一重工发布 2021 年成绩单：主导产品的市场份额持续提升，营业收入达 1 061.13 亿元，同比增长 6.82%。从具体表现来看，挖掘机械销售收入达 417.5 亿元，同比增长 11.25%，在国内市场上连续 11 年夺得销量冠军，市场份额持续显著提升，全球销量突破 10 万台大关，连续两年位居全球第一；大中型履带起重机的市场份额持续提升，整体市场份额超过 40%，稳居全国第一；路面机械销售收入达 27 亿元，其中，摊铺机的市场份额突破 30%，位居全国第一。

三一重工之所以能够在 2021 年实现稳健增长，是因为其创始人梁稳根积极改变自己，通过数字化带动整个企业转型升级。

2018 年，梁稳根曾放出豪言壮语：“三一重工的主要任务是实现数字化转型，成功了就会‘翻身’，不成功就会‘翻船’。”梁稳根改变自己的第一个动作就是学习数字化管理，他每天下班之后运动 1 小时、加班 1 小时、学习 1.5 小时。看到好的文章、好的书籍，他就让高管团队一同学习，并要求学习后每个人写 300 ~ 500 字的心得。梁稳根每天上午 9：00 ~ 9：45 与高管团队召开日例会，探讨企业最关心的问题。每周日，他还会亲自主持一场 100 ~ 200 人的集团会议，会议的唯一主题就是数字化。会上，12 个事业部的高管逐一汇报部门在数字化方面的进展及遇到的难题，然后大家讨论解决。在最困难和最关键的阶段，梁稳根和企业高管每天还在午餐会上就数字化进度问题进行讨论，跟踪并协调解决难题。

三一重工在推进数字化转型上取得了显著成效，这为三一重工实现“三个三”的战略目标提供了坚实基础。“三个三”是指：到“十四五”末，企业产值从 1 700 亿元增加到 3 000 亿元；蓝领工人由 3 万名压缩到 3 000 名；工程师由 5 000 名增加到 3 万名。

凡是不能使我毁灭的，必将使我强大。一场疫情，让中国的千万企业快速成长。要想在逆境中获得新的增长，企业经营者就要从改变自己开始，重塑企业内部的竞争力，重构管理和业务模式，进行数字化转型，等等。只有企业经营者敢于创新，企业才能找到更多增长机会。

针对第二种情况，企业家改变自己的原因是：一生一世，一战到底。

在过往的激活增长咨询中，我们遇到过各种各样的企业家。有些企业家很坦率地说：“周老师，我累了，你能不能帮我设计一套机制，让我的员工自觉主动地工作，把我解放出来？”也有企业家说：“周老师，我现在拼命将下属带出来，然后我就可以当一个甩手掌柜了，这样行不行？”还有些企业家说：“周老师，我们公司每年的收入有一个多亿，利润也不错，我可不可以不那么累，不那么拼？”

这些企业家不是不想增长，而是增长意识不强，没有矢志不渝的增长定力。真正的增长高手对外在的干扰能保持绝对的定力。这种定力要强大到什么程度呢？一生一世，一战到底。

很多中小企业家一谈到增长，就有无数个理由——“没有钱”“没有人”“没有资源”……但我们只要看看身边的成功企业，就会发现任何一家企业都是从无到有的。因此，问题还是在于企业家缺乏强烈的增长意识。

事实上，企业家真正缺的不是人，也不是资源，而是实现高远目标的企图心和增长定力。激活增长模型中最有价值和力量的，其实是企业家坚定且执着的信念：我是一切的根源，我是一切的创造者。不管是制定战略还是制定标准，关键都在于企业家想要增长，并按照新的发展目标去制定团队标准，而团队标准也会因企业家自身的改变而得到提升。无论遇到什么困难，企业家内心始终要有一团不灭之火。

如果没有这团火，企业家就不可能有增长定力，而是会找借口逃避，最后被裹挟着往前走。在被裹挟向前的过程中，由于自身的焦虑和不坚定，企业家很容易被别人诱惑，尤其是当看到别人赚钱时，人性的贪婪和懒惰就会发酵，最后导致企业走向失败。

无论是哪一种情况，企业家想增长都是激活企业增长的根本动力，企业家自我改变都是激活企业增长的必然选择。

无数企业时时刻刻都在印证这一道理，我们以两个世界级优秀企业来说明。

亚马逊是全球优秀企业之一，其2020年财报显示：2020年亚马逊的净销售额为 3 860.6 亿美元，较 2019 年的 2 805.1 亿美元增长了 37.6%。

为什么亚马逊在全球企业都受到危机影响的情况下，还能保持如此高的增长率？其中一个重要的原因是，其创始人杰夫·贝索斯（Jeff Bezos）始终保持着“Day one”（第一天）心态，以“每天都是第一天”的精神激励自己的团队，即不管企业的规模有多大，营业额有多高，永远都要像创业第一天那样快速反应、持续迭代，满足用户的需求。

贝索斯认为，企业有两种心态可以选择：“Day one”和“Day two”（第二天）。拥有“Day one”心态的企业，是正要开始发挥潜力的企业；而拥有“Day two”心态的企业，会处于停滞状态，接着便变得无足轻重，然后是令人感到折磨的营收下滑，最后宣告倒闭。为了时刻提醒自己，贝索斯还将公司大楼命名为“Day one”。

贝索斯这种时刻积极向上的精神，影响了亚马逊的每一位员工。在贝索斯将亚马逊的战略目标分解给每一位亚马逊员工时，员工会受到贝索斯表现出来的个人精神的影响，从内心深处接纳这些分解任务。

另外一家优秀企业是华为。华为创始人任正非多年来一直将一句话挂在嘴边：“唯有惶者，才能生存。”任正非一直是一名“惶者”，他具有强烈的危机意识。在任正非这种精神的指引下，华为在多年前就做出了“极限生存”的假设——未来可能有一天，华为无法获得其他国家的先进芯片和技术，但华为仍然需要为用户服务。于是，华为开始自主研发芯片，在科研开发上投入大量人力、物力和财力。

在很长一段时间里，华为的这种投入都是巨大且成效不显著的，但当这一天真的来临时，华为有足够的底气，能够在极限施压下挺直脊梁，奋力前行。正是因为任正非的忧患意识与远见卓识，华为才成为一家具有战略远见的企业，这就是企业家精神对企业的影响。

“中国玻璃大王”曹德旺先生曾经强调：“贤者预变而变，智者遇变则变，愚者见变不变。”这句话道出了人面对变化的三种不同境界。企业家是要做愚者，还是智者和贤者，就看企业家是否愿意改变自己。我们希望用本书给中国所有的企业家（特别是中小企业家）打气：要坚定信心，企业家想增长，企业就能增长；不要等待，不仅要自强不息地活下去，还要活得越来越好。

改变之行

有了改变自己的意识后，如何改变自己就成为摆在企业家面前的第一道难题。“晚上想想千条路，早上起来走原路”，很多企业家散漫惯了，想重新启动自己、冲在第一线并带领企业再攀高峰是很困难的。

那么，对于不具备企业家精神、不想增长的企业家来说，如何改变自己才能实现企业的一致性增长？对于具备企业家精神、想增长的企业家来说，如何进一步提升自己的增长意识，带领企业开创未来呢？

企业家要改变或提升自己，可以从两个方面出发：一是回归初心；二是承担责任。初心是改变自己的内部动力，责任是改变自己的外部动力。

回归初心

身处 VUCA 时代，企业就像航行在茫茫大海上的船只，随时可能遇到暗礁、波涛甚至飓风、海啸，轻则颠簸不定，重则船毁人亡。要想在如此不确定的环境中到达彼岸，企业需要一座灯塔来指引方向。这座灯塔是什么？那就是企业家成就事业的初心，企业家的出发点和原点。

企业家创业的原因大致有两类，一类纯粹以赚钱为目的，另一类则希望在赚钱的同时解决一些社会问题。这两类企业家可大致分为机会导向型企业家和初心导向型企业家。

机会导向型企业家通常更在意市场趋势，也就是哪个市场有机会，便进入哪个市场，在获取一定利润后，立刻收手，改变发展方向。这类企业家主要受机会驱动，更像是资本家而非企业家，他们闻风而动，风过则退。这种经营方式在过往的稳定时代是行得通的，但现在，企业很难预见趋势，也很难随时抽身、进退自如，于是大量企业纷纷倒闭。

初心导向型企业家在创立企业时一定有自己想解决的问题，比如，饿了么在解决人们的吃饭问题，高德在解决人们的出行问题。企业家的创业初心可能是帮助家乡的父老乡亲将农产品卖出去，不然家乡人民没有收入；也可能是一定要对团队成员有个交代，做出成果，不能辜负他们的信任；还可能是从父辈手中接过担子，一定不能让企业没落在自己手上……

这些企业家无论走了多远，都始终抱有初心，明白自己从哪里来，要到哪里去。这些初心可大可小，但都充满力量。

大部分企业家都抱有初心，对最初的梦想非常坚定，也具有很强的拼搏精神。但随着企业的发展壮大和周遭环境的变化，企业家在取得一些成绩后，便开始松懈，失去了当初的拼搏精神，且希望自己越来越轻松，不需要耗费太大的心力，依靠员工便能赚钱。有这种想法的企业家不在少数，尤其是初心较小，较易达成的企业家。

安逸的环境很容易令人失去斗志，稍不留神我们就会变成温水里的青蛙。如果意识不到自己可能遇到的危机，那么等到水开的那一刻，我们将无力回天。同理，有些企业虽然看起来发展得很好，但依旧危机四伏，稍不留神就有可能覆灭。

事实上，企业家不仅要在主动选择懈怠时回归初心，还要在企业发展受限、陷入困境时，通过回归初心来找寻力量。

不少企业家都会遇到这样的状况：创业初期，自己和团队干劲十足，虽然资金、资源都不充裕，为了谈成一单业务、拿下一个客户，可能需要耗费大量的精力，但那时企业家不会有任何松懈，全心投入工作，甚至会出现“忘我”的状态；然而随着企业规模的扩大，企业的高速发展期结束，企业内部和外部都出现异常状况：内部团队疲态尽显，团队向心力下降，出现无效博弈，员工开始拉帮结派，执行力大打折扣；企业重心不再放在客户身上，外部增长逐渐滞缓，企业进入发展瓶颈。

在这种内外交困的情况下，企业家很容易陷入负面情绪，意志动摇。但企业家可以回想一下，创业初期企业面临的困难少吗？没人、没钱、没资源再正常不过，当时都能迎难而上，现在为什么不可以？所以，企业家应该回归初心，从初心出发直面问题，拿出创业时的信心和决心，将困难逐一克服。同时，企业家所展现出来的顽强拼搏精神，也会感染团队成员，让团队成员汲取到前进的力量。

回归初心并非要求企业家完全复刻创业初期的情境，而是要求企业家不断审视自己创业的出发点、原点，回顾和思考当初支撑自己没日没夜干下去的事业梦想是什么，找回自己内心的原动力，找回当时的精神和状态，然后重新出发。

以我自己为例，我的工作十分辛苦，许多客户都说："周老师，你的名字取得太贴切了，周辰飞，每周凌晨都在飞。"我平均每年出差 300 天以上，白天做辅导，晚上赶飞机。

我想过放松吗？想过将手里的事情交给员工后自己不再管了吗？想过，因为所有人都会有心力的波动。但是如果我们真的这样做，企业就会节节败退。每个层级的员工都想休息，都想放松，如果没有领头人引领团队持续奋斗，那么团队只会层层松散、层层懈怠，最终整个企业将进入停滞状态。

当我觉得累了的时候，我的做法是静下来，在心里思考 4N 绩效的事业梦想——成为世界级实效增长教练，这是我们一群人一辈子想要成就的事业价值。想到这点，我就浑身充满了力量。

承担责任

有时候企业家会感到自己的初心不足以支撑自己前行，不能给自己带来充足的奋斗动力。这时企业家应当想想自己身上的责任。负责任是最基本的职业精神，更是企业家身上应该承载的商业精神。企业的伟大，往往源于责任的伟大。

企业家作为企业的第一责任人，需要经营好企业，为员工提供高薪酬的工作，为客户提供好的产品与服务，为投资者提供可持续的回报，更要使企业成为可以改变社会的向善之力。

企业对员工的责任是让员工得到成长。工作是每个人实现人生价值的重要方式，员工在企业付出的不仅是脑力和体力，更重要的是时间。柳传志曾说："如果一个员工进入联想三年，却没有什么进步，那么这说明我不称职。"员工如果在企业没有得到成长，就无法获得人生价值的增长。每个员工的背后都是家庭，成功的企业不仅给员工带来收入增长、能力成长，还为员工带来幸福的家庭生活。企业应当把帮助员工成长作为基本理念，为员工营造宽松的环境，提供成长的平台，让员工获得进步。从企业增长的角度来说，当员工获得成长时，企业同样是受益者。只有让员工不断成长、增强能力，企业才能更加成功。

企业对客户的责任是满足客户需求、提升客户价值。如果企业经营者没有奋斗的动力，企业的产品没有持续升级，或者服务质量没能改善提升，那么企业将辜负客户的信任，甚至导致客户流失。企业如果不能达到客户的品质标准，那么长此以往，势必被客户放弃，被竞争对手替代。彼得·德鲁克曾说："企业存在的唯一目的就是创造顾客。”企业要想在市场竞争中战胜对手，吸引更多的顾客，获得一致性增长，就必须努力提升客户价值。

企业对股东、投资人的责任是实现盈利。企业的经营责任是增加利润，实现财务业绩。优秀的企业经营者，不仅要抓住时代红利，还要使企业逆势增长。

同时，企业对合作伙伴也有责任。企业的发展不仅体现为自身能力的不断提升，也体现为给供应链合作伙伴带来的影响。今天，任何一家企业都处在产业链和生态链上，企业的成功会带动上下游产业链的共同进步和发展，企业的衰退也会给上下游产业链带来经济损失。企业与合作伙伴一荣俱荣、一损俱损，所以企业要助力合作伙伴提高经营和管理水平，提升盈利能力，双方共同打造企业共赢生态圈。

最后，企业对社会的责任是，在追求所有者或股东权益最大化之外，维护和增加社会利益。疫情让我们每一个人都对世界有了更直观的认知，也让我们重新思考生命的意义，即我们的行为能给世界留下什么，我们的工作如何更具意义……企业的目标不仅仅是赚钱，更要为人们的生活做出积极贡献。当企业找到崇高使命后，企业经营者甚至整个组织都会拥有更强的事业动力。

我们总想改变他人、改变世界，其实我们最需要改变的是自己——我是一切的创造者，我是一切的根源。

在激活企业增长的过程中，如果感到疲惫、想松懈，不妨静下心来，给自己十秒钟，回想一下当初创立企业的初心是什么，自己有着什么样的责任。

改变土壤：增长的起点是用户，终点是用户价值

激活企业家精神的第二“变”是改变土壤。

树木需要扎根于肥沃的土壤才能茁壮成长，企业也要扎根于好的土壤才能生根发芽。土壤不好，树木自然结不出好果子。企业的增长土壤是什么？什么是好的增长土壤呢？

企业的增长土壤是指企业的使命，而好的增长土壤就是以成就用户为中心的使命。

使命升级：从“我想成为谁”到“帮助用户成为谁”

企业的使命反映了企业家创立企业的目的和意义。为什么创立这家企业，经营这家企业的目的和意义是什么？再进一步，我们激活企业，使其持续增长的最终意义是什么？

在“激活增长”的课堂上，我们就这一问题向现场的企业家提问，收到的答案五花八门。有的人说：“创立企业是为了赚钱，是为了增长。”这时，我们会继续追问：“赚钱、增长之后呢？”大家陷入了沉思。

诚然，企业要追求利润，企业只有赚了钱，才能存活下来。不赚钱的企业不是好企业，但仅有赚钱这一个目标，真的能激发企业家自己，甚至所有团队成员的持续增长激情吗？换位思考，企业都希望员工充满激情，具有持续奋斗的精神，但员工却只把工作当成谋生手段，根本就不喜欢工作。一个找不到工作意义的

人，能够将自己最大的热情和创造力释放出来吗？能够用自己的热情去感染客户吗？能够不用强制或要求，为了达成目标而自愿加班，非工作时间也用心琢磨工作上的细节，做到精益求精吗？当然不能。

企业家在描述企业使命时，大多是自我导向的，常用的句式是：我想成为谁。请注意，这句话背后的立场是：企业要成为谁，企业的未来是什么样的。

那么，具有企业家精神的企业家创立企业的目的究竟是什么？激活企业，使其持续增长的最终意义又是什么？

赚钱是一件至关重要的事，也是企业经营的结果，但不是企业的终极目标。企业需要一个鼓舞人心的目标，找到发展的意义，这将成为企业的使命。如果企业能将每天所做的事情与为什么这样做的使命感联系起来，那么这将持续为企业注入奋斗的能量和动力。

我很欣赏带领百思买集团转型成功的全球百强 CEO 休伯特•乔利（Hubert Joly）在《商业的核心》一书中提到的寻找企业使命的方法。寻找人生目标可以从四个方面思考：你喜欢的、你擅长的、世界需要的、别人会花钱请你做的。同样，寻找企业的使命、企业存在的意义，也可以从四个方面思考：世界需要什么；企业的能力有哪些；团队的驱动力是什么，团队对什么充满激情；企业从什么地方获得回报，如何赚钱。

企业管理大师彼得·德鲁克说过："企业存在的唯一目的就是创造顾客。"顾客决定了企业是什么。因为只有当顾客愿意付钱购买商品或服务时，企业才能把经济资源转变为财富，把产品转变为商品。任何一家企业都必须建立在为用户和社会创造价值的基础上，只有以用户为中心，满足用户需要，不断为用户提供更好的产品和服务，提供更多的价值，企业才能拥有核心竞争力和动态“护城河”。激活企业，使其持续增长的最终意义是成就用户。企业不论导入哪种增长模型，都要回到原点，为用户创造价值。

企业家在确定企业的使命时，不应思考“我想成为谁”，而应该转换句式，思考“帮助用户成为谁”。要想成为行业第一，企业必须做到“无我”：不要关心自己的利益，而要关心企业能为用户解决什么问题，创造什么价值。

曾经有人问我们：企业增长和用户有什么关系？这个问题问得非常好，如果能回答好这个问题，企业对增长的理解就不会肤浅。

要想理解这一点，企业需要回到原点。商业公式是什么？全世界的企业，衡量增长的公式都是同一个：收入 – 成本 = 利润。这个公式看起来非常简单，可以用“10–8=2”来表示，“10”代表收入，“8”代表成本，留存的“2”才是企业的利润。企业要想赚钱，就要做大收入，控制成本，注意投入产出比。而企业所有的支出都是成本，唯一的收入来自用户。企业只有成就用户，提升用户价值，让用户愿意买单，才能有利润，实现增长。用户是企业增长的唯一入口。

既然用户是企业增长的唯一入口，那么企业在一开始确定使命时就要走直线。使命要以终为始，在设计终点的时候，企业不要把自己当作终点，而是要把成就用户当作终极追求：企业的用户是谁？用户有什么痛点？用户关注什么？企业可以做什么来解决用户的痛点和需求？

比如，华为的使命是“把数字世界带入每个人、每个家庭、每个组织，构建万物互联的智能世界”；亚马逊的使命是“成为地球上最以客户为中心的公司”；微软的使命是“予力全球每一人、每一组织，成就不凡”；沃尔玛的使命是“帮顾客节省每一分钱”；美团的使命是“帮大家吃得更好，生活更好”……这些知名企业的使命都是从用户的角度出发的。

2013 年，行动教育在生死存亡之际，也经历了一次使命升级。在升级企业使命时，行动教育董事长李践老师思考的是：我们到底是做培训还是做教育？最后，李践老师觉得行动教育不应该做培训，而应该做教育。培训和教育的区别在哪里？培训讲短期，讲即时，讲技能；教育讲长期，讲人，讲本质。教育是一种长期性的、以人为导向的事业，而培训是以技能为导向的，这是它们在本质上的不同。

作为一家做教育的企业，行动教育超越了对利润的追求，重塑使命，把一切都指向用户价值。教育不应该只是一堂课，而应该站在一个更高的台阶上，帮助企业家提升能力。作为企业家，李践老师经历过“掉坑”，更深知“爬坑”的艰难。如果能够帮助更多像他一样的人，激发这群人的梦想，推动他们用产业报国，这将是一项能够改变世界的伟大事业。因为每一家企业都关乎成千上万个家庭的幸福，关乎整个社会经济的发展。因此，李践老师把行动教育的使命升级为“让实效教育改变世界”，旨在打造世界级的商学院。

基于这个使命，李践老师提出了“百年大计”和“千年大计”。这说明企业使命不是两三年的事情，而是一辈子的事情。把一件事变成一项事业，从生命到使命，从我们到大众，这是一个改变土壤的过程。

“让实效教育改变世界”，这不是行动教育董事长李践老师一个人的使命。在这一崇高使命的指引下，行动教育的每一个事业板块、每一个人都有了共同的目标，它持续激发我们的奋斗能量。

曾经有一位和 4N 绩效合作多年的企业家问我：“我每年都来参加你们的周年庆，我发现你们团队的状态都非常好，你是怎么激活团队的？”

我没有直接说我是如何激活团队的，而是跟这位企业家分享了李践老师是如何激发我持续奋斗的。李践老师跟我说过三句话：一是格局大，要有世界级的梦想；二是使命感强；三是“杀气”足，以世界级的标准要求品质、要求人才。所以，4N 绩效立志“成为世界级实效增长教练”，使命是“帮助 100 万家企业持续增长”。

同时，4N 绩效所有人每天的工作意义都不同了。因为我们不是在被迫打工，而是为了一个共同的使命——“帮助 100 万家企业持续增长”而努力，每个人都在为这份事业贡献力量，所以团队成员的奋斗状态也不一样了。

激活企业家精神的第二步是进行使命升级：使命不能仅仅强

调企业所做的事情本身，还要阐明所做事情的非凡价值和意义。全员应从利己主义转变为用户主义，企业从上到下都应认可用户主义的价值观，所有人的起心动念都应放在成就用户上。只有用户成功了，企业才能增长。成就用户是“因”，企业增长是“果”。

使命落地：入眼、入脑、入行

在所有企业的使命中，“成就用户，提升用户价值”属于高频词汇。可是，同样是“成就用户，提升用户价值”，为什么有的企业成功了，有的企业却失败了呢？其中的差别在于：企业真的说到做到了吗？企业的使命是口号还是真正的信仰？企业的使命落地了吗？

真正的成就用户是深入研究每个人的思维方式和行为方式，让用户主义贯穿全员的每一个动作。“成就用户，提升用户价值”的使命要在企业落地生根，也就是要从共同理念转变为行为习惯。因此，企业要做到“三入”。

第一步：入眼

“入眼”是指对企业文化的认知。企业家要把使命传递给全体员工，让全体员工认识、感知企业使命。

以行动教育为例，李践老师亲自拟定了《企业文化体系手册》，并将其下发至全员，亲自解读、宣导，明确地告诉员工我们想成为一家什么样的企业，我们想和什么样的人一起工作，我们弘扬什么，我们反对什么。

第二步：入脑

“入脑”是指对企业使命的认可。企业要通过培训，让全体员工认可企业使命。“入脑”的重要动作是企业家以身作则。企业家一定要率先垂范、亲自打样、建立标准、建立机制、持续追踪，这样才能保证企业使命的落地效果。

首先，企业从上到下的资源配置要全部指向成就用户。还是以行动教育为例，用户上课的阶梯教室每平方米的装修费用为5 000元，而李践老师和其他企业高管的办公室，每平方米的装修费用为2 000元。为什么？因为行动教育要把最好的资源配置给用户。无论从多么细小的角度切入，行动教育从上到下的动作都是一致的，都指向成就用户。

其次，每日晨会由部门管理者牵头，同时还有一位轮值成员，大家对照《企业文化体系手册》中的每一条行为标准，结合自身实际工作做出深刻反省，反思自身的不足和差距，并拿出改进计划。

只有企业家以身作则，将用户主义内置在日常工作中，落实到每个实际场景，并不断反思、每日改进，企业才能上行下效，将用户主义渗透到企业的土壤中，渗透到每一个人的血液里。

第三步：入行

“入行”是指对企业使命的践行。企业可以通过讨论和公开承诺，让理念变成行为，让全体员工践行企业使命。“入行”的重要动作是建立使命制度，奖罚分明。人性是趋利避害的，要想真正拥有成就用户的增长土壤，企业还要建立相应的制度来约束员工。

仍然以行动教育为例，首先，我们将“让实效教育改变世界”的使命分解为 10 项原则，又将这 10 项原则细分为 30 项准则，之后将这 30 项准则落实到具体场景；其次，基于场景，我们对动作进行界定：哪些动作是对的，哪些动作是不对的，1 ~ 6 层级的所有动作都完全指向用户价值；最后，基于这些动作进行奖罚。

归根结底，成就用户的使命需要企业从上到下保持一致性，从企业家到中高层管理者，再到普通员工，一切行为都应指向用户价值。而且，这个使命必须被长期坚持，在利益面前不会被扭曲，在困难面前不会被改变。无论是面对亏损还是面对生存挑战，企业都能坚定不移，这才是使命的真正力量。

日本“经营之神”稻盛和夫认为，经营企业是为了唤醒人性的光辉和善，而不是利用人性的恶。自利则生，利他则久。如果一个人看到了工作的价值，深刻理解了工作的意义，那么他将调动自己所有的潜能，全身心投入工作。而且，越是高手，越需要意义感和价值感。而企业使命的存在，正是为了帮助员工看到工作的价值、理解工作的意义，激励员工为了一个共同目标而努力。从这个角度来说，企业使命能够帮助企业感召人心、凝聚人心。

如何判断企业的使命是否落地？我们经常用的方法是“一看三问”。

“一看”是看企业战略是否跟使命相关。比如，字节跳动的使命是“激发创造，丰富生活”，其战略都是围绕这一使命展开的；

行动教育的使命是“让实效教育改变世界”，战略是“建设世界级实效商学院”；作为行动教育的咨询事业板块，4N 绩效的使命是“帮助 100 万家企业持续增长”，战略是“成为世界级实效增长教练”。

“三问”是问员工三个问题：第一个问题是，企业的使命是什么；第二个问题是，你所在的部门要做什么；第三个问题是，你要做什么。通过这三个问题，企业就可以知道员工脑海里有没有使命达成地图。

为什么要经营一家企业？激活企业并使其持续增长的最终意义是什么？

相信看到这里，很多人心中已经有了答案。作为行动教育集团 4N 绩效的 CEO，以及激活增长理论体系的首席架构师，我一直笃信“起心动念”“种善因得善果”。在经营企业时，企业家动了什么样的心，最后就会得到什么样的果。

明确的使命能激发企业家和所有团队成员的干劲，因为每个人都找到了工作的意义。有的企业一直在看风口、换赛道，事实上，每天都有风口，“顺风”就走得快一点，“逆风”就要迎难而上。商业的本质不是抓风口，而是成就用户，为用户创造价值。商业的本质是创新，把产品做深、服务做透，做到让用户尖叫，让用户愿意持续买单。所以，增长的起点是用户，终点是用户价值，企业的使命就是持续针对用户价值进行创新，这才是持续增长的根本之道。

改变目标：择高而立，树立高远目标

激活企业家精神的第三“变”是改变目标。

树立高远目标，成为雄鹰

目标表明了企业未来想飞多高，想飞多远。有的企业想成为雄鹰，想成为世界第一；而有的企业想做麻雀，只守着自己的一亩三分地安稳度日。是做雄鹰还是做麻雀，这是企业家的自我选择。

企业如果选择飞万米，就是雄鹰；如果选择飞千米，就是大雁；如果选择飞百米，就是麻雀；如果选择飞十米，就是苍蝇。我命自立，一切都是企业家自己选择的结果。苍蝇仅能飞十米高，存活一年；麻雀可以飞百米高，存活 2～3 年；大雁能飞千米高，存活 10～20 年；而雄鹰能在万米高空翱翔，存活 70 年。企业家的选择决定了企业的生命力和增长的速度。伟大的企业，因目标而伟大。企业要想增长，就要改变做麻雀的目标，择高而立，树立高远的目标，成为雄鹰。

什么是择高而立？“择”是选择，“高”是标准。择高而立是指企业家只有站得高，才能看得远。企业家看问题要高瞻远瞩，要有开阔的格局和视野。高度决定视野，决定一个人的胸襟，决定一个人的所作所为、所思所想，也决定了一个人最终能取得什么样的成就。企业只有树立了高远目标，才能不畏艰难险阻，向着既定目标奋勇前行。

很多企业之所以做不大，就是因为目标太小。古人云："不谋万世者，不足谋一时；不谋全局者，不足谋一域。"事实就是如此，企业家只有站得高，才能有全局思维，一览众山小；企业家只有站得高，才能坚守长期主义，因为能看到别人看不到的，思考问题的角度与众不同。因此，目标一定要伟大、高远。只有目标高远，企业家才能有大格局，企业才能实现大增长。

在"激活增长"的课堂上，当我把这一观点告诉诸多企业家时，很多企业家提出疑问："我们是中小企业，没有钱，没有资源……拿什么做世界第一？定一个根本做不到的目标有什么意义？"

所有成为世界第一的企业，都是从小企业一步步成长起来的。在起步阶段，企业可以是雏鹰，但要向着雄鹰的目标成长。企业可以先从区域做起，不断增长，直至成为区域第一、中国第一乃至世界第一。

企业如果没有成为雄鹰的高远目标，那么未来一定存活不久。麻雀终究只会东奔西闯，而雄鹰会择高而立，于万仞之上推千钧之石。雄鹰迈出的第一步就达到了高标准，起步就是终点。

以行动教育为例，2006年行动教育在上海成立，当时其目标是做企业家实效教育，主打产品是李践老师主讲的"赢利模式"课程。由于课程口碑好，行动教育很快就迎来了快速发展期，2006年的营业收入达到了5 000万元，2007年业绩翻番，达到了1亿元。

2011 年，市场环境突然发生了变化。行业中有一位强劲的竞争对手改变了自己的营销方式，将用户发展为代理商，并在行业内大打价格战，这严重影响了行动教育的增长。那一年年底，我们突然发现，虽然企业这一年仍有 2 亿多元的收入，但相比前一年，增长几乎停滞了。2014 年年初，李践老师在集团年会上做了一次演讲，他讲道："我们要做一只雄鹰，不能成为一只苍蝇。我们必须立志高远，要飞得高，要向世界第一看齐。我们给自己设定的目标是成为世界级商学院。"

在讲这段话时，李践老师的眼里饱含热泪。当时台下的一部分人认为李践老师在吹牛——现在企业的生存都成问题，还谈什么世界第一？

当有了这个高远的目标后，李践老师很快就带着团队把目标化虚为实：首先，在全球找到了两个世界级标杆——哈佛商学院和巴黎高等商学院；其次，按照世界级商学院的标准来配置资源。三年后，行动教育在上海虹桥机场旁边买了一栋楼，并找到哈佛商学院的设计团队，设计了中国顶级的阶梯教室。教室里的所有硬件全部达到哈佛商学院的标准：黑板、地毯是从美国进口的，粉笔是从德国进口的……

请注意，这些动作并不是在行动教育成为行业第一后才做的，而是在 2013 年行动教育面临亏损时做的。从选择成为一只雄鹰开始，行动教育就对标世界第一的要求。最后，我们还是要用业绩来说话：

- 2013年，面临创立以来的唯一一次亏损。
- 2014年，开始步入正轨，扭亏为盈，税后利润达1 680万元。
- 2015年，利润翻番，税后利润达3 800万元，成功挂牌新三板。
- 2016年，税后利润达6 800万元。
- 2017年，税后利润超过1亿元，人效大幅提升，560人完成5亿元的销售收入。
- 2021年，成功上市，成为“管理教育第一股”，营业收入同比增长46.62%，利润总额同比增长56.2%，净利润同比增长59.49%，营业收入和利润水平较去年同期大幅增长。

行动教育增长动力强劲的案例说明了什么？说明了企业如果没有设定“成为第一”的目标，就不会对自己高标准、严要求，最后自然会越做越小。所以，企业如果没有选择成为雄鹰，就很容易变成麻雀。企业家如果没有选择做大事，自然就会做小事，这是企业家的自我选择。

总之，“择高而立，成为第一”既是一种人生哲学，也是企业增长的底层逻辑。对于企业来说，要么增长，要么退场。

对抗熵增，把高远目标转化为一致性增长要求

熵增定律告诉我们，在一个封闭的系统内，如果没有充足的动力支撑，其内部的混乱程度就会不断增大。因此，只有足够高

远的目标才能帮助企业对抗熵增。

如果企业定的目标太低，很容易就能达到，员工就会觉得自己已经做得很好了，不需要再奋斗了，整个企业就会进入小富即安、增长停滞的状态。任正非曾说："企业只有有效对抗熵增，才能永续经营和成长。"亚马逊同样坚持与熵增做斗争，始终坚持四个关键词：痴迷用户、为用户创造、长线思维、投资未来。贝索斯说："我如此热爱用户，其中一个原因是用户永不满足。"用户的永不满足，恰恰成为亚马逊永不熄火的创新引擎。

企业在树立了一个高远的目标后，接下来要把这个高远目标变成企业全员的一致性增长要求，做到力出一孔、对抗熵增，从而实现企业的增长与突破。

企业将高远目标转化为一致性增长要求，可以从三个层面规划。

一是做好战略上的大选择。从企业家想增长变为团队想增长，企业家要与团队达成战略共识，共同坚定事业梦想，大选择才有大未来。

二是制定经营上的大目标。梦想不是空想，战略落地要有具体的增长规划。企业可以按照"两个维度三条线"来制定经营增长规划，让团队力出一孔、利出一孔，从而达到共识共赢。

其中，"两个维度"指的是经营和管理。企业在经营方面要制定业绩增长目标、利润成果目标，在管理方面要匹配大战略，匹配发展规划，一定要有战略性管理目标。企业只有为未来持续布局，才能做好战略性管理。

什么是“三条线”呢？在4N绩效，我们通常讲“三看定三杆”：看历史，定保底目标；看标杆，定合理目标；看战略，定挑战目标。很多企业都将设定目标变成了企业与员工的博弈。在设定完目标后，领导层都会觉得目标定低了，而普通员工都认为目标定高了。通过“三看定三杆”，企业可以与员工达成共识共赢的目标。

三是激活员工的大行动。企业需要变增长为战役，落实员工的增长行动。否则团队就会嘴上说着重要的事，手里干着紧急的事，在日常性事务上消耗大量时间。

企业在有了高远目标后，不能将目标停留在高层，而要将其落实到人、财、物、销等方面，明确重点部门如何协同作战。企业要把大目标分解为小动作，从而激活员工的执行力，打赢增长战役。

以行动教育为例，“建设世界级实效商学院”是行动教育的大目标，同时它每年都会制定非常高的年度业绩增长大目标。行动教育不仅让每个员工理解企业的战略性增长目标，还把目标转化为业务团队的动作，即每人每月成交一个“校长EMBA（高级工商管理硕士）”。“校长EMBA”是行动教育的战略性产品，它通过每人每月成交一个战略性产品来支撑每年的业绩增长和战略落地，这样就把企业的增长战役落实到了员工执行上。

下面，我们再用一个案例来具体说明如何通过以上三个层面的规划，将高远目标转化为一致性增长要求。

普林艾尔是我们的客户，2019年年底，我与其董事长进行了交流。他跟我说，他和夫人都很“佛系”，大部分时间都不在公司，他们会参加很多公益和慈善活动。他们的团队也很“佛系”，从来不定目标，做成什么样就是什么样，企业没有增长要求。他在接触 4N 绩效的课程后，进行了深入的思考，发现自己内心的事业之火一直未曾熄灭，他想要带领企业成为工业除湿机行业的第一名。

当回到企业准备大干一番的时候，他却发现团队出现了很大的问题。由于企业近年来没有增长要求，他的团队已经处于“脚踩西瓜皮——滑到哪里是哪里”的状态，企业业绩下滑了 30%。当他的事业心被点燃时，团队却跟不上了。于是他立刻向我们寻求帮助，希望将整个团队重新激活。我们在了解情况后，为其制订了方案。

一是做好战略上的大选择。该企业经营者要想增长，就要下定决心重新制定企业的战略目标——在五年内成为亚太地区工业除湿机行业第一品牌。随后，该企业经营者要安排管理团队共同上课，统一战略共识，以“改善全球湿度困扰，为亿万用户创造干爽舒适的环境”为使命，把“为客户提供高效能、低能耗的专业湿度控制系统”作为团队的共同事业梦想。

二是制定经营上的大目标。企业经营者要主抓营收增长和战略性管理目标，提高欧洲、北美、亚太地区的市场占有率，以达到行业领先地位，同时制定保底目标、合理目标和挑战目标。

三是激活员工的大行动。企业经营者要聚焦大客户精准营销，加强对销售人员及服务工程师等关键人才的培训，并将优质项目订单增长落实到员工层面，将大目标分解为小动作，要求每人每周获取两个有效商机。

在做完这三个动作后，普林艾尔在2020年上半年受疫情影响，欧美订单下滑近60%的情况下，仍然在10月份提前完成上年同期业绩，2021年更是直接实现业绩翻番，2022年其业绩仍在不断增长。

这就是激活企业家精神给企业增长带来的“核动力”。

回望过去十余年走过的路，我们发现企业增长的过程就是一场修行。也许我们提炼出来的激活增长模型看起来很简单，但是要真正沿着这条路走到成功的彼岸绝非易事。因为要想真正用好激活增长模型，企业就要克服人性中不好的基因，把贪婪、自私、急功近利、懒惰的人培养成克制、利他、坚持长期主义的奋斗者。推演到最后，增长的成功在本质上是人性的成功。只有释放出人性中最美好的一面，即创造力、付出、爱、奉献，企业最后才能到达一致性增长的彼岸。

我们一直坚信：商业是人类历史上最伟大的力量。因为企业家用商业的眼光来看待社会问题，用商业的规则去解决社会问题。他们终其一生，投身于一项伟大且长期的事业。他们为爱前行，为使命奋斗，为荣誉而战。因此，在“激活企业家精神”这部分的最后，我们要送给所有企业家两句话：信，请深信；爱，请深爱。企业家可以创造奇迹，可以用产业报国，也可以造福社会。坚守自己的初心和使命，唯使命不可负，唯增长不可挡，这就是企业家精神。

练习　激活企业家精神设计表

表 1–1　激活企业家精神设计表

激活企业家精神	改变企业家：坚定事业梦想	改变土壤：成就用户价值	改变目标：树立高远目标
示例（4N 绩效）	成为世界级实效增长教练	利润持续增长	帮助 100 万家企业持续增长
练习			

第2章

激活战略性增长：找到企业利润增长山头

当企业家精神被激活后，企业的愿景、使命和高远目标需要转化成可具体落地的战略规划。剧变时代，企业的经营环境正在以过往十倍以上的速度发生变化，作为企业的领头羊，企业家必须思考如何带领团队找到下一座利润增长山头，如何找到战略性增长的突破口。

要想快速实现战略性增长，企业需要做到三个聚焦：一是战略聚焦，锁定战略性成果，采取饱和式攻击；二是目标聚焦，从公司到部门，再到关键岗位，上下贯穿、目标一致、力出一孔；三是策略聚焦，找到增长策略，针对重点战役打深打透、一招制敌。

战略聚焦：选择、取舍、跨越

激活战略性增长的“一聚焦”是战略聚焦，这是第一步，也是关键的一步。战略聚焦可概括为三个词：选择、取舍、跨越。

选择：战略选择的“3C 法则”

在实践中，我们通常会让企业经营者及高管在 5 分钟之内把企业战略写下来。到目前为止，还没有哪家企业的几十位高管交上来的企业战略是一模一样的。大部分企业经营者、高管能够讲清楚今天的目标是什么，三年后企业要做什么，企业的市值要达到多少，企业的销售额要达到多少……但对于企业的战略和定位，他们往往是不清楚的。

企业家既要低头拉车，也要抬头看路。低头是要想清楚在新趋势下如何寻找新增长点，抬头是要时刻观察行业有什么新趋势与新变化。对于企业家而言，最重要的是多在战略层面思考企业的未来。

“战略”一词最早源于军事领域，这使得很多人，特别是中小企业家认为，只有大企业才需要战略，小企业或创业企业是不需要战略的。事实上，任何一家企业，无论规模大小，都需要战略。一家企业的战略应该是一句话能讲明白，一张纸可以写清楚的。战略即选择：企业选择做什么，或者选择不做什么。

在战略聚焦层面，企业要做的第一个关键动作就是战略选择。

那么，企业该如何做出战略选择呢？商业的本质是相通的，企业在做出战略选择时要遵循一个核心法则——“3C 法则”（见

图 2–1）。

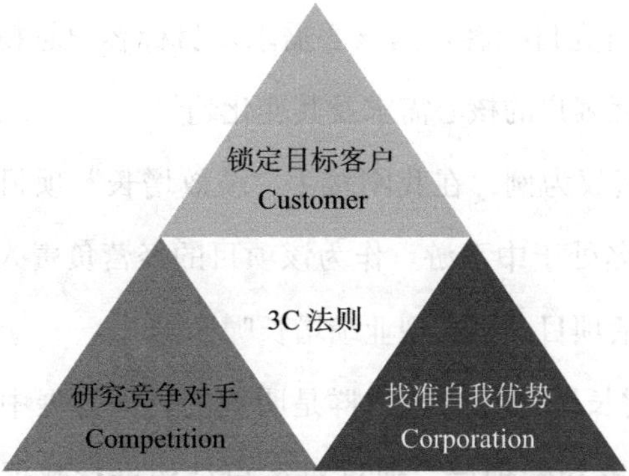

图2–1　战略选择的“3C法则”

“3C 法则”体现了商业竞争的三个维度：客户、竞争对手和企业自身。商业竞争的本质就在于抢占客户、区隔对手和突出企业自身优势。而“3C 法则”要求企业在了解客户、竞争对手和自身优势的基础上，明确企业的差异所在。

锁定目标客户

在上文中，我们强调了创造客户价值的重要性。在过去的企业辅导中，我们发现不少企业对于目标客户的定位是模糊不清的，不清楚自己到底要为谁创造价值。试想一下，如果企业的目标客户不明确，那么它如何精准洞察客户的需求？满足不了客户的需求，企业业绩从哪里来？企业如何实现经营增长？更何况如今客户需求不断发生变化，多样化、个性化、圈层化的趋势越来越明显，没有哪家企业可以满足所有客户的需求。企业如果不精准锁定自己的目标客户，就无法找到增长的突破点。

企业要精准锁定目标客户，明确目标客户究竟是谁，并在此基础上深度研究目标客户的核心需求。目标客户越精准，企业就越能准确把握客户的核心需求及其变化趋势。

以 4N 绩效为例，在我刚接手“绩效增长”项目时，该项目在公司的排名处于中下游。作为该项目的经营负责人，我要从哪里入手来激活项目，以实现业绩增长呢？

“绩效增长”项目的客户群是明确的，即发展中的中小民营企业的企业家和管理层。通过对客户结构进行数据分析，我们进一步把目标客户锁定为年营业收入在 5 000 万元以上、有一定团队规模的民营企业。在精准锁定目标客户的基础上，我们需要深度了解客户的核心需求。为此，我们对当时上海区域符合客户画像的 600 家客户一一做了电话回访，询问这些企业家当初来参加课程时最想解决的问题是什么，并将客户的反馈一一记录下来。

电话回访过后，我们将客户的需求整理排序，发现大部分企业家的核心需求是实现经营增长。也就是说，客户并不是想学一套绩效管理方法，他们学习绩效管理的根本目的是用绩效激活团队，从而实现增长。明白了这一点，我们所要做的就是围绕客户的核心需求——激活企业并使其持续增长，重新设计 4N 绩效的战略规划。

企业不妨也进行一次自我复盘：企业的目标客户精准锁定了吗？企业清楚目标客户的核心需求吗？

4N 绩效如果在不清楚目标客户的核心需求的情况下，就与市场上其他管理咨询机构竞争，很有可能会陷入没有自身特色、只能依靠低价来吸引客户的局面。但是，用户买的不是“便宜”，因为永远有更便宜甚至免费的产品。企业家必须深刻地理解竞争的本质——谁能区隔对手，满足目标客户的核心需求，谁才有成功的机会。

研究竞争对手

锁定目标客户就是选择了一块市场蛋糕，虽然企业看准了一块蛋糕，但蛋糕能否被企业吃进肚子里还是个未知数。因为想吃这块蛋糕的不会只有一家企业。企业要想真正将蛋糕收入囊中，就必须在竞争中获得胜利。

企业在抢夺市场份额之前，要清楚竞争对手是谁。日本著名的管理学家大前研一曾说：“如果没有竞争对手，就没有必要制定战略。制定战略的唯一目的是使公司尽可能有效地比竞争对手占有持久的优势。”由此可见，研究竞争对手在战略选择中是多么重要。

企业在研究竞争对手时，首先要清楚地知道自己究竟在跟谁竞争，即究竟是谁在和企业抢夺市场份额？目前所处的领域，客户常见的选择有哪些？

在找到竞争对手后，企业就要开始对其进行全面研究。但是竞争对手如此之多，企业不可能对每一个都花时间研究，那么该重点研究谁？

很多企业会选择与经营表现差的对手进行对比，然后沾沾自喜，感觉自己已经十分优秀了，结果只是提升了自己的自信心而已。要知道，打败企业的不是那些比它经营得差的对手，而是行业中的优秀企业、标杆企业，它们有显著的优势、强大的实力，是客户的优先选择。真正值得企业研究的，是在抢夺蛋糕时最有力的竞争对手，即行业标杆企业。向高手学习、与标杆对齐，这样企业才能获得最有价值的东西。

研究对象确定了，接下来的问题是：企业该如何战胜对手，从而赢得客户呢？

大部分企业在研究标杆企业的时候，都会选择研究对手的优势和核心竞争力，这当然是对的，企业可以从对手那里学习有效的经验、模式，然后将其对标自身，进行品质、服务的提升。但要想打赢战争，只把目光放在对手的优势上，是无法找到战略突破口的。

试想一下，标杆企业已经做到行业领先，在对手做得足够强的地方，企业要与之正面对战，必然非常困难。这就像是拿着鸡蛋去碰石头，结果可想而知。都说商场如战场，双方交战，直接“硬碰硬”是下策，除非企业具备超常的优势。

正面打赢对手很难，所以企业要转换思路，找到对手的薄弱环节，找到客户没有被对手满足的需求，从而区隔对手，获取赢的机会。

在制订4N绩效的战略规划之前，我们通过回访目标客户，明确了客户的核心需求。同时我们还研究了标杆企业，包括国际上的知名咨询机构以及国内一些项目量大、在绩效咨询方面有影响力的咨询机构，了解了这些优秀机构的目标客户及其咨询效果。其中，有些客户会强调自己的绩效方案是跟全球顶尖机构合作制订的，这时我们很谦虚地去向客户征询意见，争取到了观摩顶尖机构制订的方案的机会。接待人员向我们展示了一排漂亮的橱窗，里面有十几个文件夹，都是咨询辅导的方案成果。看完以后，我们的第一感觉是顶尖机构的方案的系统性很强，全面且逻辑严谨。我们在学习研究顶尖机构优势的同时，也在分析思考它的劣势是什么。

在接待人员从橱窗里拿文件并递给我们时，我们注意到了一个细节——他在递资料给我们之前先做了一个吹灰的动作。

在交流中，我们想了解客户对方案的落地运用情况。结果，客户告诉我们，由于市场变化快，企业发展速度快，组织管理存在这样或那样的短板，而方案的系统性要求很高，企业很难落地执行完整方案。

所以我们发现，尽管这些方案很漂亮、很全面、很严谨，但是快速发展中的民营企业的系统性基础不够，如果方案过于复杂，实际执行就落实不下去。最后方案就只能被放在橱窗里展示，很长时间都被束之高阁。

方案不是摆设，实际运用才是它的归宿。全面而详细的方案对于企业来说，意味着执行复杂、无法落地，最后方案和执行变成了“两张皮”。这就是我们识别出的标杆企业的问题。

企业的机会藏在哪里？藏在对手没有满足的客户需求中。兵法中有一个基本的作战法则，叫作“避实击虚”，说的是对敌之时要避开主力，找到敌人的弱点进攻。任何事物，有实就有虚。所有企业都会受到时间和资源的限制，没有绝对完美的对手，即便是世界 500 强企业，它也有无法满足客户的地方。

按照这个思路，4N 绩效的机会在哪里？实效。我们要做的就是将课程工具变得简单实效且好操作，方案在落地到企业的时候，要帮助企业直接实现经营增长，做到成果实效化。企业愿不愿意寻找一家逻辑严谨、成果实效的合作机构呢？答案是肯定的，我们自然而然就有了成功的机会。

所以在战略选择上，企业经营者既要研究目标客户的需求，也要重点研究标杆企业的劣势，寻找它没有满足的客户需求。别人满足不了的客户需求，我们想方设法来满足，成功的机会不就找到了吗？

找准自我优势

在一个行业中，取代标杆企业非常不容易。100 家企业中只有一家能够成为行业第一，或者只有行业前三的企业有机会向第一发起冲击。既然 97% 的企业都难以做到第一，那么企业需要研究如何成为“唯一”——通过区隔对手，在满足目标用户需求方面做到差异化领先。

客户为什么选择我们而不是其他企业？只有当我们能满足其他人满足不了的客户需求，能为客户提供差异化的价值时，客户才会选择我们。所以企业要想方设法地将自己与竞争对手区隔开，让客户第一时间想到自己、选择自己。企业只有将区隔对手的差异化优势打深、打透，使对手难以超越，让客户对企业产生依赖，才有突破增长的战略性优势。

差异化优势从何而来？从研究目标客户的核心需求和标杆企业的劣势中，找出自我优势并持续升级、打深，最终形成对手难以快速复制和模仿的核心竞争力。“3C 法则”是相通的，锁定目标客户、研究竞争对手的最终目的是找到差异化优势。我们可以用一个简单的公式来表示（见图 2–2）。

图2-2　寻找差异化优势的公式

还是以 4N 绩效为例，我们已经知道目标客户的核心需求是真正实现经营增长，而竞争对手的痛点是方案复杂，不利于落地执行。综合这两个方面，我们得出了“实效”这个关键词。所以 4N 绩效明确了自己的差异化定位：不做中国经营绩效咨询量最大的机构，而做“实效第一”的机构，帮助企业快速获得经营增长成果。

在进行了这样的战略选择后，4N 绩效的所有课程设计都围绕如何实现经营增长、如何形成实效的工具和方法展开，所有的辅导项目都要帮助客户实现经营增长。最终结果如何？我们帮助客户取得了实实在在的成果，得到了客户的高度认同，在重点区域、重点行业形成了越来越多的标杆客户持续复购和转介绍的局面，4N 绩效成为客户持续增长的终身顾问。因为帮助客户取得了成功，我们也实现了自己的成功，4N 绩效成为行动教育集团业绩增长最稳健的金牌团队。

定位理论的奠基人杰克·特劳特（Jack Trout）在《什么是战略》一书中说道："在大竞争时代，唯一的成功之道就是进入顾客心智，而进入顾客心智的唯一方式就是做到与众不同。"所以什么是自我优势？差异化，或者说与众不同。

以上就是企业在进行战略选择时需要思考的三个方面。我们可以通过一个战略变革案例来看看如何具体运用"3C 法则"，以重新定位企业，并通过战略选择来激活增长。

我们在实践中遇到过一个有意思的挑战。

最初，我们对中国水产饲料行业的优秀企业恒兴集团进行了辅导。恒兴集团是中国民营 500 强企业，在水产饲料领域形成了"种苗—饲料—养殖—加工—贸易"的全产业链布局，并且达到全国市场份额领先。但随着饲料行业的竞争逐渐白热化，大量百亿级、千亿级巨头企业之间的竞争也逐渐激烈，饲料业务的增长压力巨大。我们辅导恒兴集团通过产业链优势，为养殖户提供优质虾苗，然后配套提供关于虾苗养殖的优质技术。当然，养殖户使用恒兴集团的虾苗和养殖技术，需要配套使用恒兴集团的饲料，通过"苗料药"的一体化服务战略，恒兴集团实现了业绩增长。

而我在此要分享的战略变革案例并非恒兴集团，而是我们在辅导完恒兴集团之后服务的另一家企业——主营水产动保产品的精博生物。恒兴集团以水产饲料业务为主，精博生物以水产动保业务为主，我本以为两家企业之间不存在竞争。因为一般在进入企业进行深度辅导和关于战略经营管理的系统咨询合作时，我们不会同时辅导同行业的两家客户，这是作为咨询导师的职业要求。

精博生物在与我们合作之前，已经连续三年卡在业绩瓶颈期，没有业绩增长，甚至近两年的业绩不但不增长，反而呈现下滑、衰退的趋势。为什么精博生物没有办法实现增长？它遇到了什么经营挑战？在深入探讨和分析精博生物的业务数据后，我们发现，精博生物的业绩下滑并不是因为水产动保行业内部的激烈竞争，而是遭遇了“跨行打劫”。而“跨行打劫”的主体就是恒兴集团这类大型饲料企业。

恒兴集团这样的大型饲料企业，在卖饲料的同时赠送动物保健产品，实行“苗料药”联动，它整合了苗种公司、饲料厂、水产动保公司的资源，还为客户提供技术服务，全面满足了客户的多样化需求。这些饲料企业虽然并不以销售水产动保产品为主，但却实实在在地抢占了水产动保企业的市场份额。

大型饲料企业基本上都是百亿、千亿级别的巨头企业，它们的经销商也都是大型经销商，且饲料行业的市场规模要远远大于水产动保行业的市场规模。相比之下，虽然精博生物也有近万家经销商，但是它的经销商在客户关系和资金实力等方面都与饲料企业的经销商有很大差距。

既然精博生物是因为终端用户、市场份额被饲料企业分流而导致的业绩下滑，那么突破经营困境、重新激活增长，就不是简单的管理优化问题，而是要在战略上重新复盘。

我们的第一步是运用“3C 法则”重新确定精博生物的战略选择。

从目标客户层面来看，精博生物原来的客户是经销商，但上文我们已经探讨过，水产动保企业的经销商在客户关系和资金实力上都无法与饲料企业的经销商抗衡，所以精博生物需要重新锁定目标客户。

精博生物专注于水产动保产品二十年，在水产动保这个领域非常专业。什么样的客户会真正需要专业的水产动保产品服务呢？不是经销商，而是大型养殖场。大型养殖场一旦出现疾病，所产生的损失就是巨大的，这些损失远超购买动物保健药品的费用。大型养殖场对水产动保产品的核心需求一定是专业，所以大型养殖场才是精博生物真正的目标客户。

在竞争对手层面，我们已经知道了精博生物目前的主要对手是大型饲料企业的经销商。这些对手的优势是什么？资金雄厚，拥有强大的客户资源网。但它们在销售水产动保产品方面专业吗？不专业。这就是竞争对手的问题、痛点。

因此，精博生物可以从专业性上区隔对手，满足目标客户——大型养殖场的专业需求，由此把自己的差异化优势打深、打透，从而实现商业成功。

我们与精博生物达成共识，聚焦开发大型养殖场终端客户，进而针对大型养殖场的十几种常见病种制订“金处方药品 + 保健品”的治疗方案，在大型养殖场客户集中的区域配置“业务 + 技术”服务团队，提供专业的小组式开发服务，从而真正形成了“水产动保专业服务领先”的差异化优势。图 2–3 为精博生物的战略变革示意图。

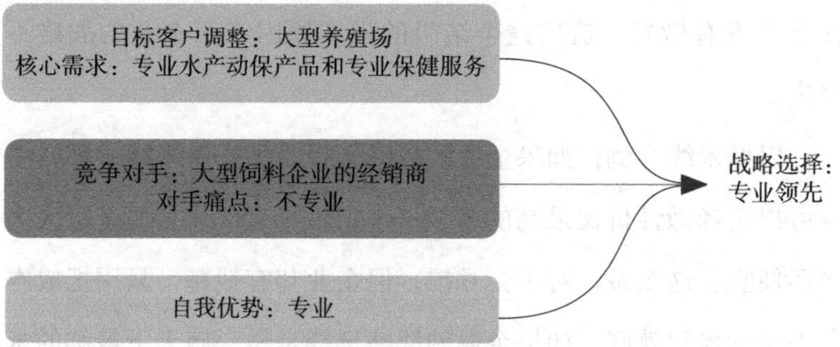

图2–3　精博生物的战略变革示意图

最终我们帮助恒兴集团和精博生物都实现了经营增长，但是对于精博生物来说，其经营增长并非源于管理优化，而是源于战略转型，即重新进行了战略选择，找到了差异化的竞争优势，由此实现了战略聚焦、突破增长。

这就是运用“3C 法则”重新进行战略选择的具体案例。企业在做年度战略复盘或阶段性战略复盘时，请认真思考一下：企业的战略选择符合“3C 法则”吗？

取舍：业务取舍的“牛鼻子法则”

随着企业的发展壮大，企业会发现自己的资源被分散了。今天有一个新的业务发展机会摆在企业面前，明天企业又被某个投资项目吸引，后天竞争对手又推出了一款新产品……企业一直在追赶阶段性热度，东一榔头，西一棒子，什么都想做，最终却什么也没有做好。造成这个结果的根本原因在于企业的战略不聚焦。

以做米线为例，如果企业的战略选择是做一碗米线，那么企业可以选择做性价比最高的米线——定价只有 5 元，但是量大肉多还便宜。这么做，对手会亏损，但企业却有钱赚，只用把成本领先做到极致就好。如果企业的战略选择是做一碗天下最鲜的米线，那么每碗的定价可以是 50 元，但是企业要用最好的食材、最好的工艺，让顾客吃过这碗米线后赞不绝口。

这就是企业在做出战略选择以后，根据所选择的战略进行的业务取舍与聚焦。企业如果想做性价比高的米线，就要在成本上做到极致；企业如果想做全天下最鲜的米线，就要在价值上做到极致。企业不管做出什么样的战略选择，都要进行业务取舍。选择做性价比高的米线，企业就不能逐步涨价，否则会丢失性价比优势；选择做全天下最鲜的米线，企业就不能偷工减料，否则会把“鲜”的价值做没了。企业的战略如果左右摇摆，就会导致企业的资源不聚焦，企业将丢失战略优势，失去增长的基础。

所以，当根据“3C 法则”做出战略选择，并且找到差异化竞争优势之后，企业要做的第二步就是进行业务取舍。企业只有进行了业务取舍，才能真正实现战略聚焦。

“剪枝思维”：少就是多

业务取舍，通俗地说就是“剪枝思维”，企业不是要做多，而是要做少。

为什么不是越多越好？因为无论什么样的企业，最终都会被两样东西限制：时间和资源。即使企业有“三头六臂”，它也无法超越时间，无法拥有取之不尽的资源。

商业的本质是什么？用最小的投入，获得最大的价值。现实却是，很多企业陷入了投入大、回报少的怪圈，它们一旦尝到利润的甜头，就开始不断增加产品线，找新的风口，广撒网。

正所谓“枝多遮光，果多压树”，企业盲目追求数量的结果就是，成本投入大，但是价值上不去。价值上不去，企业做的就是无效投入，这会造成巨大的资源浪费。时间、资源本就有限，企业又将有限的时间、资源分散开来，从而导致原本利润好的业务渐渐被竞争对手追赶上，而新发展的业务又竞争不过别人。这样，企业当然无法做到价值最大化。

“剪枝思维”背后的逻辑是：质量是本，数量是末。这些企业的失误就在于舍本逐末。所以企业必须转换思维，把眼光从数量转向质量，果断割舍掉多余的、质量差的部分，将有限的资源聚焦到核心业务、关键业务上，以创造更大的价值。

遗憾的是，很多企业都存在一个问题——舍不得。经常有企业家对我说，为了开发客户、研发产品、拓展区域，企业倾注了大量心血，投入了不少人力、物力、财力，根本无法狠下心来割舍其中任何一个。

其实舍不得的根源在于看不透、想不通。俗话说："有舍有得，不舍不得；小舍小得，大舍大得。"商业的本质告诉我们，一定要进行取舍。少就是多，少的是数量，多的是价值。企业一定要记住一句话：没有果敢的放弃，就没有辉煌的未来。

抓"牛鼻子"项目

业务取舍要抓什么？抓"牛鼻子"项目。

大多数人都清楚，牛的力气是很大的。我们如果去放牛，那么怎么做才能让牛跟着我们走呢？去拖它的腿？我们可能拖不动它。去拽它的脚？我们可能会被顶翻在地。去拉它的尾巴？我们可能会被它带得团团转。而放牛人一般会牵牛鼻子，他们牵着牛鼻子稍稍一用力，牛就乖乖跟着走了。

牛鼻子是牛的要害。这个形象的比喻是想说明，企业要找到战略性增长项目，抓关键。在做出差异化的战略选择后，企业要做的就是快速进行业务取舍，找到自己的"牛鼻子"项目。

为什么必须抓"牛鼻子"项目？

管理学中常常会提到"80/20 法则"，即 20% 的关键因素会带来 80% 的经营成果。根据这个法则，企业在进行业务取舍时，如果在 20% 中再聚焦，找到 20% 中的关键，用 20% 乘以 20% 得到 4%，那么抓住这 4% 能够带来多大的经营成果？用 80% 乘以 80% 得到 64%，也就是说，企业会有 64% 的成果转化。如果再进行聚焦，用 4% 乘以 20% 得到 0.8%，那么当企业聚焦于这 0.8% 时，结果会如何？用 64% 乘以 80% 得到 51.2%，即不到 1% 的关键因素可以为整个企业带来超过半数的经营成果。所以，在 VUCA 时代，企业要想快速实现突破增长，就必须将有限的资源聚焦在"牛鼻子"项目上，快速拿到成果。

所谓牵一发而动全身，企业只要找到"牛鼻子"项目，聚焦关键项目，就能快速实现突破增长。

业务取舍的三个维度

企业该从哪些维度去寻找"牛鼻子"项目呢？

一般来说，每个企业的"经营树"上都有三个枝干需要修剪，即产品、客户和区域，这就是企业进行业务取舍的三个维度。

第一，产品维度。随着经营规模的增长，企业的产品越来越多，这意味着企业要在每个产品上投入大量的资源，比如研发资源、市场推广资源、销售资源等。这样企业才能把每个产品都做好，占领足够的市场份额，达到行业领先。

一旦产品增多，企业就无法保证在每个产品上都投入足够的资源。其结果就是，每个产品都没有做深、做透，无法形成差异化的竞争力，会轻易被对手的竞品所替代。所以做产品的基本逻辑不是做多，而是做好。

假设我们去一家餐厅用餐，这家餐厅的菜品多样，令人眼花缭乱，但我们点了一桌菜后发现，每道菜都味道平平，那么下次我们一定不会再去这家餐厅了。对于一家餐厅来说，它必须要有可以体现差异化价值的招牌菜，以便给前来用餐的顾客留下深刻的印象，体现出它与众不同的价值，这样才会有源源不断的顾客。

企业也是如此，只有集中资源打造出优质的招牌产品，把产品做到极致，企业才能抢占客户心智，取得差异化的竞争优势。因此，企业要在产品维度进行取舍，聚焦自己的核心产品、尖刀产品，找到承接战略选择的“牛鼻子”产品。

第二，客户维度。在客户维度，很多企业的做法是“大小通吃”，什么客户都开发，什么客户都想要。但企业往往忽视了一个重要问题：大客户和小客户的核心需求相同吗？当然不同。如果随着业务的发展，客户越来越多，而企业的产品、服务却跟不上，那么对企业不满意的是大客户还是小客户呢？往往是大客户不满意，因为大客户的要求更高。

同时，当企业的客户类别非常多，每个客户的需求偏好都不同，企业无法满足所有客户的需求时，更容易对企业产生不满的也是大客户。但给企业带来更多经营成果的恰恰是大客户，所以企业不能“大小通吃”。中国有句俗语是“捡了芝麻，丢了西瓜”，用它来形容企业“大小通吃”的后果再形象不过了。

因此，企业要在客户维度进行取舍，对目标客户进行分类，聚焦企业的核心客户、优质客户。对于那些既分散企业资源又无法为企业带来足够利润，甚至令企业亏损的客户，以及不符合企业战略选择的客户，企业要果断舍弃。

第三，区域维度。在区域维度，企业往往会面临“广种薄收”的问题。“广种薄收”是指企业一味地追求做大，走快速扩张之路，把整个企业的区域战线拉得很长，从而导致企业在每个市场深耕得都不够，在每个市场都没有占据足够的市场份额。

而在每个区域市场，企业不仅会遇到“地头蛇”，还会遇到大量实力强劲的外来竞争对手，部分区域竞争甚至会上升为全球竞争。企业如果在核心区域、战略要地深耕得不够，在哪个市场上都不强，那么在每个区域战场上都会被轻易击败。所以，企业要在区域维度进行取舍，要清楚企业的战略要地在哪里，聚焦核心区域市场，做到区域领先并形成绝对的区域竞争优势。

以上就是企业在做出差异化的战略选择后，要做的业务取舍。业务取舍就是遵循“剪枝思维”，企业要做少，不要做多，要抓住“牛鼻子”项目，聚焦核心产品、核心客户、核心区域。下面仍然以精博生物为例，来讲解企业如何在做出战略选择的基础上进行业务取舍。

当精博生物做出新的战略选择——“专业领先”后，为了承接战略选择，首先在客户维度，我们对精博生物现有的经销商客户进行了区分，将其分为 A、B、C、D 四类。因为在新的战略选择中，精博生物明确了自己的目标客户是大型养殖场，所以我们砍掉了大量的 C 类、D 类经销商，将目光聚焦于有能力开发和服务大型养殖场的 A 类、B 类经销商，从而使客户取舍与战略选择保持一致。同时，我们还建议精博生物成立专门的销售团队，直接开发大型养殖场客户。

在产品维度，精博生物过去的产品累计达几千种，但没有几个业务人员或经销商能够搞清楚如此多且杂的产品，客户就更加不知道企业到底有哪些好产品了。对此，我们重新进行了产品整合，围绕水产养殖中的常见病种，制订了药品与保健品的最佳组合方案，提炼了“金处方”组合治疗方案，聚焦十几种核心产品。这样，市场业务反而容易做了。通过专业的“金处方”组合治疗方案，精博生物成为大型养殖场的优先选择。精博生物只要集中做好这个核心产品，就能赢得客户信赖，实现突破增长。

除此之外，我们帮助精博生物做出的另一个重要调整是成立“销售＋技术”双人服务小组，专做大型养殖场客户的开发与跟进。但精博生物肯定无法在全国都配备这样的双人服务小组，因为技术人才的引进和培养是需要时间的，所以精博生物必须对区域市场做出取舍。大型养殖场客户集中的区域就是精博生物的战略要地，这些核心区域一定要优先配备“销售＋技术”双人服务小组，以便为客户提供专业服务。

经过一番“剪枝”，精博生物的“牛鼻子”项目非常清晰了。因为聚焦核心区域、核心客户、核心产品，所以精博生物的“经营树”成功地结出了硕果。在进行项目成果验收时，精博生物成功实现了业绩与利润的双增长，这就是业务取舍、战略聚焦的力量。

成功的企业战略，不过是把最重要的一件事落实，并做到极致。真正高效的经营，不是追求“多”，而是抓住最关键的“少”。尤其是中小企业，资源越少，就越要将其花在刀刃上。企业只有将所有资源集中在“牛鼻子”项目上，才有增长和赢的可能。

跨越：锁定“S 曲线”的战略性增长成果

企业在做出差异化的战略选择，并进行业务取舍后，接下来要做的就是跨越经营发展的“S 曲线”，单点击穿。这里有两个关键词，一是“S 曲线”，二是“跨越”。

“S 曲线”是指企业的发展周期。在用图像描绘企业的发展轨迹时，我们可以发现企业的经营发展路线在形态上大体相似，都呈 S 形。刚开始，企业的投入大于产出，曲线是向下的；随着企业产出的增长，曲线开始向上；之后，不断向上的曲线终会在到达某个巅峰后再次向下，这种向下或许可以被延迟，但很难被逆转。

不同行业的“S 曲线”并不完全相同，有些行业增长得很快，每年的业绩翻倍上升，而有些行业的进入门槛较高，从拿到项目到“爬坡”式上升，中间花费的时间很长，其“S 曲线”相对缓和。但是整体来说，所有企业的经营发展曲线都是 S 形。根据“S 曲线”，我们可以将企业的经营发展分为四个阶段：初创期、成长期、成熟期和衰退期（见图 2–4）。

而“跨越”是指企业必须知道自己目前处于哪一个发展阶段，然后围绕这个发展阶段，锁定不同的战略性增长成果，以实现不同阶段的突破性增长。

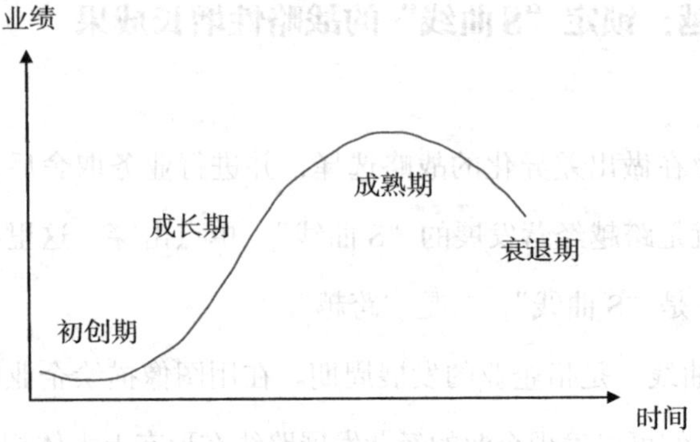

图2-4　企业经营发展的四个阶段

初创期——关注客户数量

当开发一个新项目时，企业最开始会发现项目的利润走势是向下的，因为企业初期需要不断地投入，比如购买设备、配备人员、研发产品、开发客户等，但这些投入并不会产生立竿见影的效果。这时企业就处于经营发展的第一阶段——初创期，投入大于产出。

初创期的企业要锁定的战略性增长成果是什么？企业刚刚开始投入，不可能一下子就把钱赚回来，所以这时候不能一直盯着利润。

初创期的企业要做的，是对商业模式的探索，是进行从 0 到 1 的尝试。现实中不乏在初创期就倒下的企业，这些企业往往急功近利、盲目扩张，结果却是：要么所谓的目标市场不过是海市蜃楼，要么自己的一腔热血得不到客户的认可。它们的失误就在于，过早地放大了尚未经过验证的商业模式，从而导致企业陷入持续亏损的状态，看不到未来。

初创期企业的核心工作是把产品和服务推向市场。企业要接触目标客户、目标市场，通过市场的反馈来验证项目是否可行、能否获得目标客户的认同，以及目标市场的规模是否符合预期，然后再决定是否加大投入、进行“饱和攻击”。

市场是企业发展的根基，只有得到越来越多目标客户的认可，企业的项目才具有成功的可能。所以，初创期企业应该锁定的战略性增长成果是目标市场的客户数量的增长。企业把客户谈下来，把市场打下来，把渠道建立起来，就能拥有从 1 到 N 快速成功的基础，拥有实现盈利的机会。

一旦经市场验证，企业就要加大投入、扩大生产，快速实现业绩增长，进入后续的成长阶段。

成长期——关注利润和增长率

当企业的经营收入以成倍的速度增长时，企业就进入了成长期。进入成长期意味着什么？意味着企业的商业模式是有效的，企业需要加速抢占市场份额。

处于初创期时，企业以探索商业模式为主，核心目的是获得目标客户的认同，得到目标市场的检验。而进入成长期后，企业要关注利润，因为企业不能一直处于亏损状态，有利润，企业才能存活下去。所以利润是企业在成长期需要锁定的第一个战略性增长成果。

但此阶段利润还不是最重要的，企业需要锁定的第二个战略性增长成果是业绩的增长速度，即增长率。企业之所以需要更加关注增长率，是因为在这个阶段企业要与竞争对手争夺市场份额，而此时速度才是关键。

很多企业经过初创期从 0 到 1 的模式验证，验证了某个模式是成功、有效的，但是在信息时代，市场资讯的快速流通大大缩短了各个行业的蓝海时期。竞争对手发现某个模式有效，便快速复制，甚至加大投入来抢占市场，行业会马上陷入激烈的“追逐战”。

这就像是我们好不容易找到一块蛋糕，刚刚用勺子挖了一小口放进嘴里，觉得味道不错，就有人闻风而至，前来抢夺这块蛋糕。如果对方速度够快，勺子够大，我们就会发现蛋糕在转眼间被他人抢走了。

在行业的“追逐战”中，一旦竞争对手以更快的速度成为行业领先者，抢占了客户心智，企业再想赚大钱就很难了。某互联网行业巨头就曾复制过大量原创项目的商业模式，凭借其规模优势在短时间内迅速抢占客户资源，击垮了一批早期原创企业。

商业竞争总是如此残酷，在激烈的市场竞争中，谁掌握了速度，谁就能最先占领发展的阵地。企业必须跑得快，跑在竞争对手前面，这样才能掌握主动权。

所以，成长期的企业不仅要关注当下的利润，更要关注业绩的增长速度，要快于竞争对手抢占市场份额，从而提高自己的市场占有率。

成熟期——关注盈利回报

当进入经营发展的成熟期时，企业的业绩增长速度会逐渐变缓。对于很多企业来说，能够保持每年 10%~20% 的增长率已经是非常不错的表现了，有些企业甚至会连续多年处于瓶颈期，始终无法实现突破性增长。

为什么？因为企业对各项资源的利用已经相当充分。在这种情况下，企业需要思考如何利用现有的资源来换取最大的盈利回报以及如何提高经营发展的质量。

既然此时企业对资源的利用已经相当充分，那么企业最先要做的就是检查自己是否将核心资源聚焦在对企业利润产生关键作用的优质业务上。企业可以通过优化业务结构、提高优质业务占比来实现利润增长。

有些企业的利润之所以上不去，很大程度上是因为其业务重心没抓对。企业没有进行业务损益分析，对优质的高毛利润业务不够重视，反而在其他毛利润表现不佳的业务上投入过多的精力和资源，最终导致企业的综合毛利率低。

因此，企业要重点关注高毛利润业务的占比情况，聚焦优质业务、高毛利润业务，提高企业的综合毛利率，让有限的产能和资源产生最大的盈利回报。

此外，有的企业在成长期为了抢占市场份额，放弃部分利润以加大投入，优先保证发展速度。更有不少企业在快速发展的过程中，将目光放在业绩增长上，对成本管控、投入产出比不够重视，用业绩增长掩盖管理粗放的问题。随着企业规模的不断扩大，成本过高、效率低下等现象也越来越严重。实际上，对于企业来说，开源固然重要，节流也必不可少，因为利润的计算公式始终是：利润＝收入－成本。成本控制得不好，企业的利润损失巨大。“赚钱如针挑土，花钱如水推沙。”

所以企业在优化业务结构的同时，也要重点关注成本费用率，思考钱是否用在了刀刃上，效率是否还有可以提高的空间，在保证客户价值的前提下进行成本管控，关注投入产出比。

总的来说，成熟期的企业要重点关注高毛利润业务的占比情况和成本费用率，通过优化业务结构、管控成本、提高效率来实现企业盈利回报的最大化。

衰退期——孵化新项目

从企业经营发展的“S 曲线”中可以看出，当发展到某个顶点时，企业就会不可抑制地走向衰退。

盛极必衰是一个普遍规律。纵观历史长河，强大如罗马，繁盛如唐朝，最终都难逃消亡的命运。但事物具体会在什么时候到达极限，我们往往无法准确预判，只能从事后的复盘中看见全貌。

事实上，企业一旦进入成熟期，就应当意识到衰退期即将来临。那么，面对终将到来的衰退，企业该怎么办？难道听天由命吗？

当然不是。尽管第一条曲线的下降趋势难以逆转，但是企业可以跨越这条曲线，在适当的时机创造出“第二曲线”，也就是主导产业的第二业务甚至第三业务，从而找到新的发展机会（见图 2–5）。

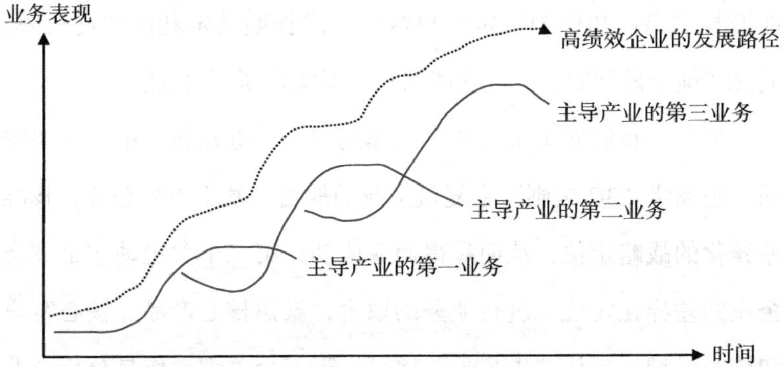

图2–5　跨越企业经营发展的“S 曲线”

也就是说，企业可以通过孵化新产品、新技术、新项目，开启下一个生命周期，从而使企业的生命得到延续。

这里的一个关键点是，高绩效企业不会等衰退期来了才去寻找新的发展机会，它们一般会选择在成熟期就开始进行新项目的培育和孵化。因为当企业处于成熟期时，其业绩表现好，现金流相对充足，企业有足够的时间和资源来承受“第二曲线”在初创期产生的损失，也拥有更多的探索、试错空间。

而企业一旦进入衰退期，就会面临利润下降、资金紧缺等问题，形势将会变得越来越严峻，此时再孵化新项目会面临更多困难。所以在成熟期到衰退期的这段时间内，企业还要同步快速孵化新项目，让自己焕发新的生机。

人的生命终有尽头，而企业却可以通过跨越“S 曲线”来获得持续增长，实现基业长青。而企业要想跨越“S 曲线”，就必须清楚地知道自己当下处于哪个阶段，应该锁定什么样的战略性增长成果：初创期锁定客户数量，成长期锁定利润和增长率，成熟期锁定盈利回报，成熟期到衰退期锁定新项目的孵化。

最后，我们回头来看战略聚焦的三个关键动作：第一个关键动作是围绕“3C法则”来复盘企业的战略，基于市场趋势，找准差异化的战略定位，从而赢得商业成功；第二个关键动作是围绕企业的差异化定位，进行业务的取舍，聚焦核心产品、核心客户和核心区域，抓住“牛鼻子”项目；第三个关键动作是分析企业的“牛鼻子”项目处于哪一个发展阶段，不同阶段锁定不同的战略性增长成果，以寻找企业的下一座利润增长山头。

战略不用做复杂，而是要做减法。战略聚焦围绕三个关键词——选择、取舍和跨越。

目标聚焦：力出一孔，利出一孔

假设现在从一家企业中随机选一名员工或管理者，并问他两个问题：

- 你是否清楚地知道企业的战略目标和年度目标？
- 你是否清楚地知道自己需要做什么来支撑企业达成目标？

通过这两个问题，我们可以检测出企业全员是否将目标聚焦在经营增长这一关键点上。如果员工不知道公司的目标，那么这说明大家就没有心往一处想；如果员工不知道自己该做什么来支撑公司达成目标，那么这说明大家没有拧成一股绳。

如果企业已经进行了战略聚焦，锁定了目前所处阶段需要取得的战略性增长成果，却不能将企业聚焦的关键增长点明确告知每个员工，使其成为团队共同的事业追求，那么企业无法真正实现经营增长。

战略是企业高层的事，而战略性增长成果的达成却需要依靠团队的力量。整个团队需要心往一处想、力往一处使，员工需要知道自己最该做什么来支撑企业战略目标的达成。这会形成合力，帮助企业快速实现经营增长。所以在进行战略聚焦后，企业首先要做的就是目标聚焦。

过去很多企业的问题是：老板一拍脑袋就决定了年度目标，年度目标与战略脱节；部门“各自为政”，一线部门“孤军奋战”，得不到充足的资源支持；员工普遍迷茫，不知道自己的工作重心是什么，有的索性“脚踩西瓜皮——滑到哪里是哪里”，这使得整个企业如同一盘散沙。出现这些问题的根源就在于企业的目标不聚焦，目标没有与战略相匹配，缺乏一致性。

目标聚焦的关键在于什么？上下一致，前后关联。首先，企业要将锁定的战略性增长成果分解为企业的年度经营、管理目标，让年度目标与战略相匹配；其次，企业的年度目标需要“人财物销”的高效协同来承接，各关键部门需要明确自己应该对哪些核心目标成果负责，并协同作战；最后，部门目标需要落实到对应的关键岗位上，分解为关键岗位的 KPI（关键绩效指标）。

按一致性的逻辑完成目标确认，企业就可以实现：每个关键岗位完成了 KPI，关键部门达成目标；各关键部门协同作战，取得核心目标成果，从而保证企业年度目标达成；企业每年都能达成年度目标，因此企业的 3～5 年规划、战略目标得以达成。从企业高层到中层，再到基层员工，整个团队的目标都锁定在企业的战略性增长成果上，这就是目标聚焦的一致性。

锁定企业年度目标

我们曾辅导过一家主营农业机械的企业，其战略目标是成为中国农业机械行业的持续领跑者。该企业的大楼内有一面文化墙，它的战略目标就挂在那里，十分显眼，所有员工都知道企业的战略目标是成为中国农业机械行业的持续领跑者。

这家企业的战略目标是清晰的，但年度目标是怎么设定的呢？该企业 2021 年的营业规模为 17.5 亿元，因此它决定将 2022 年的年度目标设定为 18.5 亿元。虽然目标值相对于 2021 年的营业额增加了 1 亿元，但若按增长率来看，不到 6%。这不到 6% 的增长目标真的能支撑该企业在行业内持续领跑吗？

该企业的高管告诉我们，这是一家 60 年的老牌企业，前 58 年都在领跑。言下之意是，近两年已经有竞争对手超越了它。为了确定这个年度目标是否合理，我们询问该企业是否了解行业数据和竞争对手的数据，得到的答案是：过去 5 年，整个行业的年均增长率达到了 22%，而超越它的竞争对手制定的年度目标是 35 亿元。

在这样的数据对比之下，问题已经相当明显——该企业的年度目标无法支撑企业达成战略目标。行业的年均增长率已达到 22%，而该企业的目标增长率不到 6%。这意味着竞争对手都在以超过该企业的速度发展，这就是为什么它领跑 58 年却在近两年被其他企业赶超。竞争对手一直在以超过该企业的速度发展，如此下去，超过它的企业会越来越多。也就是说，该企业的战略目标根本无法实现。

企业制定的年度目标要与战略目标相匹配，否则战略目标就会变成一句口号，很难真正达成。

那么，与战略目标相匹配的年度目标该如何制定？企业在制定年度目标时需要注意两个问题：一是目标设定的维度；二是目标值的确定。

企业的年度目标应当包含两个维度：经营目标和管理目标。企业在制定年度目标时需要兼顾二者，不能顾此失彼。只有两个维度的目标都定得合理，企业才能真正达成战略目标。

经营目标

企业要根据不同阶段锁定的战略性增长成果，围绕“10-8=2”的经营公式，找到每年的经营增长目标。例如，当处于初创期时，企业要制定收入目标和市场增长目标；在成长期，企业要制定收入目标和利润目标；在成熟期，企业要以利润目标为主；在衰退期，企业要制定针对成熟业务的利润目标，同时制定针对新项目的市场增长目标。

管理目标

管理目标有两个维度：一个是找到支撑经营的关键，另一个是找到匹配战略的关键。

支撑经营的管理目标是指企业要找到为实现业绩增长或利润增长而必须解决的关键问题。例如，企业是依靠发展大客户来支撑业绩增长的，还是通过快速开发大量新客户来支撑业绩增长的？企业如果是依靠发展大客户来实现业绩增长的，就应该将增加优质大客户数量作为支撑经营的管理目标；企业如果需要快速开发出大量的新客户，就应该将增加新客户开发数量作为支撑经营的管理目标。企业在成熟期需要重点实现利润增长，在产能利用率高、资源利用饱和的情况下，关注高毛利润业务、优质业务的占比，以此实现利润回报最大化，所以企业应该将提高优质业务占比作为支撑经营的管理目标。

匹配战略的管理目标是指企业基于战略选择，在将战略性优势持续打深、打透时，需要实现的战略性管理目标。例如，4N 绩效的战略目标是成为“实效第一”的品牌，那么除了每年的业绩和利润目标，我们还重点关注能够积累优势的关键部分——实效人才的培养、项目成果的达成率。培养实效人才需要持续投入，这需要一定的培养发展周期，且人才培养不会直接体现在当年的业绩利润上，甚至需要增加人力成本。但是如果不将此作为战略性管理目标，4N 绩效就无法实现可持续的业绩增长。同样，项目成果的达成率越高，越能凸显 4N 绩效“解决客户经营增长的核心需求，让实效成果落地”的差异化价值和“实效第一”的战略优势。或许从短时间来看，项目成果的达成率并没有对企业的业绩和利润产生直接影响，但它却决定了企业能否获得目标客户的持续复购、转介绍，从而实现“滚雪球”式的持续增长。所以实效人才的培养、项目成果的达成率是 4N 绩效需要制定的匹配战略的管理目标。4N 绩效每年都在人才培养上下功夫，并且不断进行工具、课程的实效研究，而这都是为了提高项目成果的达成率，支撑“实效第一”这个战略目标的达成。

企业的年度目标必须清晰、可衡量，而这就涉及目标值的问题。上文提到的农业机械企业，就在目标值的设定上出现了问题。

企业在制定年度目标时通常会面临一个状况：在制定完目标后，老板认为目标太低，而团队认为目标太高。为什么会出现这个矛盾？因为团队在制定目标时一般看的是历史数据，基于历史目标及达成情况，制定出团队认为现实可行的目标；而老板一般看的是战略，思考如何在 3 ~ 5 年快速推进企业的战略规划，所以老板会制定出具有一定挑战性的目标。大家立场不同，想法不同，各有各的道理。

如何让企业全员对目标达成共识，真正形成目标一致性呢？企业可以根据“三看定三杆”的原则来设定三个目标值，形成目标三条线。“三看定三杆”指的是看历史定保底、看标杆定合理和看战略定挑战（见图 2–6）。

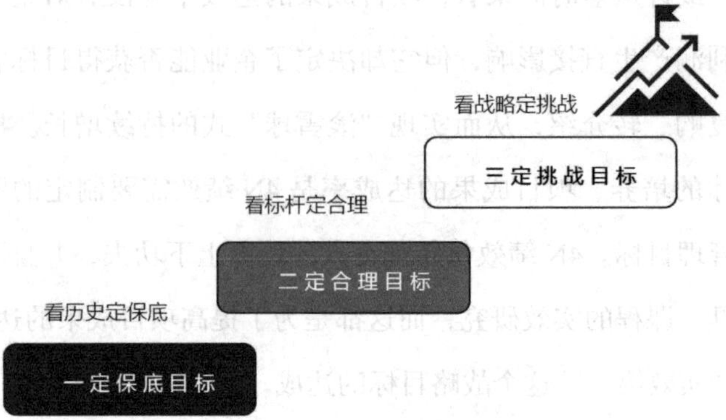

图2-6 “三看定三杆”原则

首先，企业可以根据过去2~3年的历史数据来制定保底目标。保底目标是底线，是企业的基础增长目标。但仅有底线肯定不够，因为企业并非单独存在，而是处于激烈的市场竞争中。市场竞争是零和游戏①，谁的增长速度快，谁就能抢占更多的市场份额。如果企业的增长速度慢于竞争对手，那么对比过往，企业虽然有基础增长，但实际上是在丢失市场地位。所以企业还要以标杆对手为参照，分析行业增长数据、标杆对手数据，据此制定出合理的增长目标。只有这样，企业才能持续保持行业地位。最后，企业要加速推进战略规划的落地，需要以终为始，根据3~5年的战略目标，规划每年的完成进度，以此设定企业的挑战

① 零和游戏又称零和博弈，表示在一项游戏中，游戏者有输有赢，一方所赢正是另一方所输，游戏的总成绩永远为零。

目标。

根据“三看定三杆”原则，我们帮这家农业机械企业重新制定了年度目标：保底目标为 18.5 亿元（参照历史数据的 6% 增长率）、合理目标为 21.5 亿元（参照行业的 22% 增长率）、挑战目标为 25 亿元（参照“3 ~ 5 年内重新成为行为第一，超越标杆对手”的战略规划）。

在根据“三看定三杆”原则将目标值设定出来后，该企业的股东对我们说：“老师，您说的道理我们完全认可，但是我们担心团队会有意见。”很多企业每年在制定目标时总会遇到类似问题：企业经营者希望目标具有一定的挑战性，可是团队却总是要“讨价还价”，想方设法压低目标。其实这是人性，目标要求高，团队完成目标有压力，而且很多企业是考核机制导向，完不成目标会影响团队收入，这导致的结果就是制定目标变成了团队和公司的一种博弈。

企业通过“三看定三杆”原则来确定目标值，不仅是为了画出三条线，更是为了综合团队和企业经营者的意见，基于目标三条线制定共赢机制，使保底目标保障团队的基础年薪收入，合理目标、挑战目标分别对应合理增量奖金、挑战增量奖金，最终使团队和企业变成利益共同体、事业共同体。

仍以上文的农业机械企业为例，达到保底目标 6% 的增长率，企业可以保障团队维持现有的年薪收入；达到合理目标 22% 的增长率，企业根据盈利水平和参与利润分享激励机制，拿出增量利润（合理目标 – 保底目标）的 20%，为经营管理团队设置合理奖金包；达到挑战目标，企业拿出增量利润（挑战目标－合理目标）的40%，为经营管理团队设置挑战奖金包。在这种情况下，如果再询问团队是否对目标设定有意见，那么团队通常不会再纠结对于保底目标该如何考核的问题，而是与企业统一战线，努力达成合理目标和挑战目标，实现增长共赢。

所以，如果团队因为怕考核而压低年度目标，年度目标就丧失了其本来的功能。企业需要明确的是，年度目标是用来承接战略目标的，这是企业在制定年度目标时必须坚持的核心原则。企业要做的就是调整机制，激发团队潜能，让机制与企业战略相匹配，而不是通过压低年度目标来解决问题。

因此，企业在制定年度目标时的原则是：明确“一个关键（年度目标与战略目标相匹配）”“两个维度（经营目标和管理目标）”“三条线（保底目标、合理目标和挑战目标）”，做好“三看定三杆”。

锁定关键部门的协同目标

还记得上一章提到的“80/20法则”吗？20%的关键因素决定了80%的结果。而企业少数关键部门的成果，决定了企业能否完成年度目标。所以在制定出年度目标后，各关键部门应该明确自己需要取得的核心成果，聚焦企业的经营增长。

事实上，经常有企业抱怨各部门之间互不理解，甚至相互指责、推诿，从而导致企业内耗严重。一线部门发现自己身上扛着企业的经营增长重担，但得不到相关部门的资源和支持，总有种孤军奋战的感觉，从而缺乏实现目标的信心；二、三线部门只按自己的想法管理项目，还经常埋怨一线部门不配合、不听话。当企业各部门处于这种“各自为政”的状态时，整个企业就会深深陷入低效率的泥潭。

我们常将企业比喻为一个木桶，木桶里盛装的水就是企业所取得的经营成果。一般来说，木桶能装多少水，首先与木板的长短有关，因为短板决定了木桶容量的上限。但人们往往忽视了另一个影响木桶盛装水量的关键因素——木板与木板之间的缝隙。若是组成木桶的各个木板之间的缝隙过大，木桶就会漏水，这时即使木板再长，它也无法起到任何作用。

曾经有一位企业家对我们说：“我这个人文化水平不高，培养不出什么优秀的经理人，并且自己培养太慢，所以我的做法很直接，那就是用高薪从大企业‘挖’人。公司的人力资源总监就是用百万年薪从世界 500 强企业那里‘挖’来的。”

被这位企业家“挖”来的人都是行业里的佼佼者，毫无疑问，在企业木桶里，这些人是长木板。但企业却没有如期望的那样欣欣向荣，甚至还不如从前。问题就出在木板之间的缝隙上。正是因为这些高薪“挖”来的人太过优秀，所以他们往往只认可自己提出的方案，不愿意配合他人。各个部门本应相互“补台”，实际却变成了相互“拆台”，这导致企业业绩严重下滑。

因此，当目标聚焦落实到部门层面时，协同作战是关键。俗话说：“单丝不成线，独木不成林。”只有各关键部门做到目标协同，心往一处想、力往一处使，企业才能高效达成年度目标，实现经营增长。

那么，各关键部门的协同目标如何确定？既然协同目标是为了支撑企业年度目标的实现，企业就应当将价值链分析清楚，找出达成年度目标的关键点，以此来确定各关键部门的协同目标。

以一家主营钢材仓储物流和生产加工的企业为例。该企业拥有占地面积较广的物流园区，主要客户为大型钢材企业。钢材企业把钢材运送到当地，并储存在该企业的仓库中。此外，该企业会提供相应的生产加工和物流服务，比如将便于运输的成卷钢材开平并切割成不同规格的钢板，最后将其运送到终端客户处。

该企业的物流园区出租率达到95%，趋于饱和，这意味着其仓储业务已经进入成熟期。成熟期的企业需要锁定的战略性增长成果是什么？盈利回报最大化。过去该企业一直将重点放在销售业绩上，对利润没有给予足够的重视，尽管园区出租率达到95%，但利润率却很低。所以该企业需要做的就是重新调整年度目标，从销售目标转向利润目标。最终，该企业制定的年度目标为利润率提高8%。

目标确定后，企业就需要进行价值链分析。

利润来自客户，我们首先将该企业的客户分为A、B、C三类。其中，A类客户的业务量大，资金周转快，利润贡献大；B类客户的业务量居中，资金周转一般，利润贡献居中；C类客户的业务量小，资金周转慢，利润贡献小，甚至还会拖欠租金。在接近满租的情况下，企业要想实现利润增长，就要提高 A 类客户占比，减少 C 类客户，以提升单位土地的利润贡献率。

减少 C 类客户，并不是直接砍掉与 C 类客户的合作，而是使用分级价格策略对 C 类客户进行过滤、升级：如果客户的业务量仅达到 C 类级别，那么企业要相应地上调合作价格；如果客户的业务量达到 B 类级别，企业就维持原有的价格优惠政策；如果客户的业务量达到 A 类级别，那么企业不仅给予价格优惠，还提供专属服务。这样，原有的 C 类客户要想享受更优惠的价格，就需要增加业务量，至少达到 B 类级别的业务量及资金周转速度，这使得企业的业务利润也有所增长。当然，如果 C 类客户不接受涨价而选择不再与企业合作，企业就能将更多的精力放在 A 类、B 类客户上。

所以，在客户维度，企业要将 A 类客户作为发展目标，同时通过分级价格策略来提高 C 类客户的利润贡献率。

发展大客户以及上调价格，意味着企业决定进行业务升级，因为只有企业提供的服务好，客户满意度高，客户才能接受涨价。这时，企业内部就要协同进行服务品质的提升，以提高客户满意度。只有客户满意度够高，客户才会接受涨价，优质大客户才会选择与企业合作。

该企业做的是钢材仓储物流和生产加工。在物流服务上，客户最在意的是速度以及准时、准确交付，所以物流部门要以提高交付及时率为目标。通过分析该企业的客户投诉原因，我们发现，有些客户进行投诉不是因为企业没有准时交货，而是因为后者的服务态度不好，导致客户体验差，所以物流部门还要同步提升服务满意度。而在生产加工服务上，客户最在意的是加工品质，加工品质高且损耗低，客户也愿意多付一些加工费。此外，生产部门必须准时完成生产计划，只有这样，企业才能及时交货，所以生产部门要以提高加工合格率和生产准时率为目标。

接下来我们继续推演协同逻辑。在提高物流交付及时率和加工合格率时，企业遇到的最大障碍有两个：一是设备故障，二是员工技能不够娴熟。

要想解决这两个问题，设备管理部和人力资源部需要配合，以降低设备故障率，并对员工进行技能培训，确保关键岗位技能提升，以此来支撑生产品质和交付速度的提升。

因此，业务利润的提升逻辑出来了：企业需要通过提高大客户占比和提高 C 类业务价格来增加毛利润，同时提升客户满意度；而提升客户满意度需要两大部门协同提高物流交付及时率和加工合格率，从而需要另外两大部门协同解决设备故障和员工技能不娴熟的问题。

而围绕“10–8=2”的利润逻辑，除了增加业务利润，企业还要同步进行重点成本费用的管控，以提高利润率。在和财务部一起进行经营数据分析后，我们发现，该企业的采购成本是主要的成本支出，所以我们建议采购部应制定在保证采购品质的前提下，降低采购成本的目标。此外，该企业的营销费用由于缺乏管控，连年上涨，各类客户的营销费用都很高，所以我们建议企业把营销费用重点用在 A 类优质客户上。此外，该企业属于劳动密集型企业，对标行业优秀企业，我们发现，该企业用人多、人均工资不高，但是人力成本率却偏高。降低人力成本的举措不是降工资、减福利，而是重点关注人效，只有提高人均产出，企业的单位产品服务成本才会相应降低，而企业也能进入“用人少、人均工资高、企业利润高”的良性绩效循环。

经过上述分析，各关键部门的协同目标就非常清晰了（见表 2–1）。

表 2–1　某钢材仓储物流和生产加工企业关键部门的协同目标

关键部门	协同目标
销售部	提高 A 类客户占比，控制营销费用
物流部	提高物流交付及时率，减少客诉次数
生产部	提高加工合格率和生产准时率
设备部	降低设备故障率
采购部	保证采购合格、采购降本
人力资源部	提高培训通关率，提高人效

关键部门的协同目标不是凭空想象出来的，而是通过价值链分析一步步推导出来的。企业在部门目标聚焦中要做的就是通过价值链分析锁定关键部门的协同目标。

锁定关键岗位的 KPI

企业的年度目标要与战略目标相匹配，关键部门的目标重点在于协同，而年度目标和关键部门的协同目标最终会落在关键员工身上，成为他们的 KPI。

过去，很多企业在绩效管理上做得十分复杂，每个岗位的员工考核指标有六七个甚至十几个。企业担心如果不考核，员工就不做。我们曾辅导过一家上市企业，该企业对每个岗位的考核指标进行了系统梳理，发现其事业部总经理的考核指标甚至达到了 30 个。当时我们问这位事业部总经理如何看待这 30 个指标？他的回答相当“经典”：“我都记不住（这 30 个指标是什么），随便他们怎么考核。”

这些企业最大的问题就是没有真正理解 KPI 的含义。实际上，KPI 的理论基础就是上文反复提到的“80/20 法则”，对企业来说，80% 的经营成果是由 20% 的关键指标决定的，“Key”（关键）才是 KPI 这个词的核心。如果企业设置太多考核指标，希望员工面面俱到，那么这反而会让员工抓不住重点，最后绩效停留在考核层面。

所以企业要做的就是找到最关键的 20% 岗位，抓关键指标。

指标要抓关键，岗位也要抓关键。有一家企业就在抓关键岗位上出现了失误。该企业是三一重工的供应商，不愁收入，因为其客户稳定且需求量大。该企业将关注点放在了成本费用上，在各个部门推行绩效考核，以控制成本费用。该企业的负责人告诉我们，就连公司食堂都在推行绩效考核。

在食堂推行绩效考核一个月能省下多少成本费用？我们得到的答案是：“上个月节省了 360 元。”我们并不是说食堂节约 360

元不重要，而是对于企业的利润增长来说，这 360 元不是最关键的成本障碍。

在该企业的老板看来，各个部门都推行绩效考核，每个部门都省一点，这样积少成多，成本自然会得到控制。这乍一听似乎很有道理，但别忘了，企业的时间和资源是有限的，如果将有限的时间和资源分散投入到对企业利润贡献不大的地方，企业获得的回报就会受到限制。

我们在对该企业进行数据分析后发现，产品合格率低才是它最大的问题。三一重工要求的产品合格率为 98%，而该企业真实的合格率仅为 86%。这意味着 12% 的不良品无法转化为企业的收入利润，企业每完成 1 亿元的产值，就有 1 200 万元的不良品，该企业年产值达 7 ~ 8 亿元，每年有大量的不良品产生，面对如此巨大的成本损失，食堂省下的 360 元根本无法与之相比。根据经营增长逻辑，我们砍掉了这家企业 90% 的考核指标，因为只要围绕提升产量、抓住影响产品合格率的关键岗位进行绩效考核、最大化地减少质量损失，企业就可以实现年度利润的高效达成。

只有找到支撑经营增长的关键岗位，锁定关键岗位的 KPI，企业才能真正做到目标聚焦。

问题在于，如何确定关键岗位的 KPI？其实在部门目标层面，企业已经进行了价值链分析，确定了关键部门的协同目标，现在企业只需根据关键部门的协同目标来确定关键岗位的 KPI 即可。

仍然以上文提到的钢材仓储物流和生产加工企业为例，表 2–2 为该企业需要锁定的关键岗位及其 KPI。

表 2-2　某钢材仓储物流和生产加工企业的关键岗位及其 KPI

所属关键部门	关键岗位	KPI
销售部	销售主管	销售收入、A 类客户占比、营销费用
物流部	物流主管	物流交付及时率、服务投诉率
生产部	生产主管	加工合格率、生产准时率
采购部	采购主管	采购合格率、采购成本降低率
设备部	设备主管	设备故障率
人力资源部	人力资源主管	培训通关率、人效

很多企业家在看过这张表后问我们：“这家企业的目标是实现利润增长，为什么它不给生产岗位设置关于产量和生产成本的 KPI 呢？”

一般来说，生产主管的确应当对产品的产量、品质、交付时间和成本负责。但需要注意的是，在目标聚焦中，关键岗位 KPI 的确定并不是基于岗位职责，而是从企业的年度核心目标、经营策略到关键部门的协同目标，再到关键岗位的 KPI 一步步推导而来的。因为如果根据岗位职责来提取考核指标，那么绩效运行是静态的，而在快速变化时代，企业的经营增长需要团队动态抓取关键指标，以确保企业敏捷高效，所以经营绩效是动态的。

利润率上涨 8% 是该企业的年度经营目标，而它找到的支撑经营增长的关键是提高 A 类客户占比和提高 C 类业务价格，所以该企业需要优先进行客户满意度升级，以支撑业务升级。在关键岗位 KPI 的确定上，该企业要围绕核心目标，优先保证产品的品质和交付时间，提升客户满意度。在客户满意度稳定且业务升级成功后，企业再考虑生产成本的进一步降低等问题。

KPI 是动态的、可变的，随着企业的年度目标和关键部门协同目标的变化而变化。从年度目标与战略匹配到重点部门目标协同，再到关键岗位 KPI 落实，企业应做到上下贯穿，形成从战略聚焦到目标聚焦的一致性。只有把握这一关键原则，企业才能真正做到目标聚焦、上下一致，从而推动战略性增长成果落地。

策略聚焦：变增长为战役，一招制胜

经过目标聚焦，企业从上到下的目标体系就变得十分清晰。但不论制定目标时多么热情高涨、雄心勃勃，企业如果缺乏实现目标的具体策略和路径，就无法成功将目标变为现实。企业不是简单地将目标制定出来，然后坐等验收成果就可以了，更重要的是找到实现目标的有效方法，并让全体员工达成策略共识，明确具体如何去做，从而形成清晰的增长路径。只有这样，企业才能更高效地实现目标。

因此，企业不仅要做到目标聚焦，还要做到策略聚焦，打出一套突破增长瓶颈的组合拳。这套组合拳不是招数花哨的花拳绣腿，而是一连串关键且有效的攻击，并与目标聚焦配套，这保证了企业上下的策略一致性，从而使企业能够重拳出击，一招制敌。

策略聚焦主要分为三步：第一步，高层进行全局规划，形成经营增长系统策略；第二步，中层围绕重点产出，进行管理策略细化；第三步，基层明确关键打法，员工掌握关键动作，一招制敌。

形成经营增长系统策略

企业在进行策略分析时通常会用到一种实用的策略分析工具——鱼骨图。

鱼骨图怎么画？首先，企业要画出“鱼头”，用“鱼头”来锁定企业想要达成的经营增长目标。其次，企业要进行系统性的逻辑分析，画出“大鱼刺”，即支撑目标达成的关键环节。最后，企业要对每根“大鱼刺”进行策略上的细分研讨，并画出“大鱼刺”上的“小鱼刺”，进一步找到支撑关键环节的关键对策。在这个过程中，企业要不断地进行核心原因分析，随后将找到的答案填写到对应的“鱼刺”上（见图 2–7）。

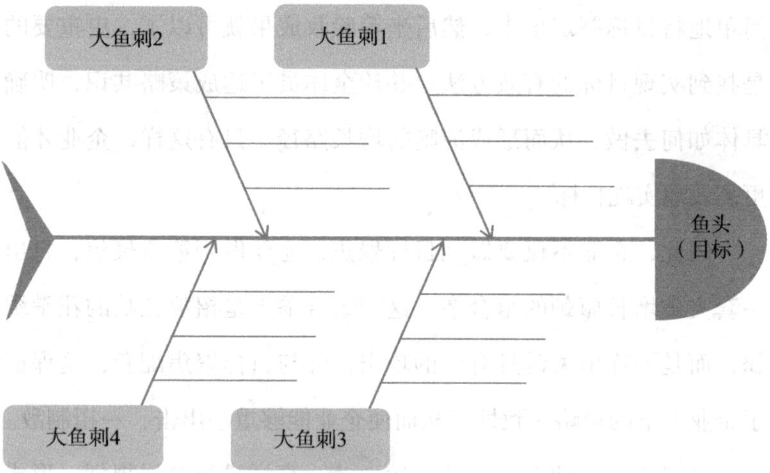

图2–7　策略分析工具——鱼骨图

在策略聚焦的第一步中，企业必须围绕年度目标进行全局规划，研究出一套系统性的经营增长策略，也就是要画出“大鱼刺”。

以一家民营医院为例。这家医院的“鱼头”，即年度经营目标是实现 35% 的业绩增长。画出“鱼头”之后，医院需要对业绩增长目标进行系统性的策略分析。

对于一家 To C（向个人提供服务）企业来说，实现业绩增长首先需要考虑客流量和客单价这两个关键因素。只有更多的人来医院，医院才能有更多的业绩收入，否则医院冷冷清清、无人问津，业绩增长从何谈起？所以，提高客流量是第一步。但是，仅有客流量还不够，如果顾客来了医院却没有消费，那么客流量还是无法转化为医院的业绩。此时医院就需要同步提高客单价，即提高人均消费水平。客流量和客单价都有了保证，医院自然能够实现业绩增长。

除了客流量和客单价，医院还要考虑复购率。有些客户曾经到医院就诊，但是需求没有得到满足，转身就去了竞争对手那里，这对于医院的业绩增长来说是十分不利的。如果客户流失严重，医院就需要不断开发新客户，而客户的开发成本只会越来越高，且新开发的客户在稳定性和忠诚度上也比不上老客户。所以医院必须重视老客户维护，思考如何实现老客户的业绩增值。

这家民营医院是一家治疗不孕不育的医院，过去以女性治疗为主。医院的愿景是让更多家庭拥有自己的亲生孩子，但孩子的出生需要父母共同参与，只针对女性进行不孕不育的治疗肯定不够，所以医院也同步进行了战略性新项目的孵化——开展男性诊疗项目，以实现男女同治。

一番分析下来，医院的四大“鱼刺”已经十分清晰——提高客流量、提高客单价、促进老客户增值和孵化新项目。这就是医院的经营增长系统策略。

细化管理策略

系统性的经营增长策略要由相应的部门承接、执行，所以企业要通过数据分析，找到重点产出部门，给“大鱼刺”画上“小鱼刺”，并进行策略细化，从而研究出支撑各部门的重点管理策略。

为什么需要进行数据分析？因为企业要做的是策略聚焦。上文提到，企业的策略组合拳不是花拳绣腿，而是一连串关键且有效的攻击。数据会告诉企业，什么才是关键且有效的攻击，从而可以让企业避免盲目投入，做到科学决策。

依然结合民营医院的例子来分析。上文提到，医院的经营增长系统策略分为四个方面：提高客流量、提高客单价、促进老客户增值和孵化新项目。

提高客流量

为了提高客流量，医院要对目标客户进行分析，精准锁定目标客户，明确目标客户是谁、在哪里，并思考什么样的有效推广能够吸引目标客户，从而研究出市场推广策略。

对民营医院来说，它的主要获客方式为打广告，目标客户因广告而注意到医院，进而通过电话咨询或网络咨询来了解基本情况，随后到医院就诊。所以医院的第一步是通过有效的广告营销来提高客户的咨询量，而这需要广告部门对广告规划进行细化。

过去，医院以电视、电台、户外广告为主，但近年来，这些广告形式的获客效益在不断衰减。所以医院需要缩减一定的传统广告投入，增加互联网搜索引擎广告、自媒体广告的投入，进行精准营销。

提高了咨询量还不够，医院还需要关注咨询转化率。客户进行咨询，并不意味着他们一定会到医院就诊。有十个客户进行咨询，最终有一个客户成交还是有三个客户成交，对医院业绩的贡献自然是不同的。所以关键在于成交率。特别是在市场大环境并不太理想的情况下，企业通过加大广告投入来实现增长的成本是巨大的，而提高成交率、以高质量经营的方式来提升业绩，是所有企业都应采用的增长打法。

问题是，该医院过去没有对咨询转化率给予足够的重视，因此缺乏相应数据。缺乏数据并不代表相关因素不重要，企业千万不要因为缺乏数据而放弃重点策略，而是要围绕重点策略，重新进行数据收集。对医院来说，关注咨询转化率是必要的，因为假定广告投入不变，通过提高咨询转化率，医院也能获得业绩增长。别忘了商业的本质是用最小的投入获得最大的价值，因此企业一定要关注试错成本、失败成本，以及投入产出比。医院只有提高咨询转化率，才能实现营销推广的价值最大化。

因此，我们建议医院倒查过去三个月的数据，将这三个月的咨询记录和就诊记录进行对比、分析，假定得出的结果是，最好的一个月的咨询转化率为 15%，最差的一个月为 11%，那么这 4% 的差值代表什么？根据医院的数据分析，咨询转化率每降低 0.1%，到诊人数就会减少 30 人。按照医院去年的人均消费额来计算，减少 30 人意味着业绩损失 50 万元，那么 4% 的差值就相当于 2 000 万元的业绩损失。而医院的整体年度营业额才 7 000 万元左右。在不增加广告投入的前提下，咨询转化率提升 4%，医院业绩就能增加 2 000 万元，由此可见咨询转化率有多么重要。

为了提高咨询转化率，医院该制定什么样的策略呢？我们在和医院咨询团队讨论后找到四个关键策略：

- 咨询部门每月都要和专家团队进行沟通，以提高自身的专业度。
- 整理客户的常见问题，研究出最佳回答，并形成Q&A（问题和答案）标准话术。
- 完善星级体系，对咨询部门进行通关培训和星级晋升评定，以培养出更多三星级、五星级甚至七星级的咨询师。
- 在咨询部门工作区域的墙上视觉化展示各小组及各咨询师的咨询转化率排行榜，让员工明确自己的“江湖地位”，从而对每一个客户的咨询都给予足够的重视。

另外，我们启发医院团队寻找能够开发优质客户的新市场、新渠道，以为其带来更多的目标客户。这就需要医院成立市场拓展部，设立市场开发专员，寻找与其他优质渠道机构合作的机会。例如，医院与体检机构进行合作，体检机构如果发现前来体检的客户有相关需求，可以将客户转介绍到医院，医院可以给予体检机构一定的佣金，或者与体检机构进行服务置换，双方形成战略合作关系。

提高客单价

画出第一根“大鱼刺”（客流量）的“小鱼刺”（策略）后，我们就要画第二根“大鱼刺”——客单价，并找到提高人均消费水平的具体策略。

医院先要进行业务区分，识别高客单价业务和低客单价业务。医院可以选出一些优质的高客单价业务，然后根据客户的需求进行主动推荐。不同消费水平客户的需求不同，有的客户愿意多花钱，但对服务条件有更高的要求，比如绿色通道、贵宾诊室、专家诊疗、进口药品等。医院可以向有相应需求的客户推荐优质高端业务，以此来提高人均消费水平。

而对于一些不合理的低客单价业务，医院要进行调整、优化。例如，医院经过分析后发现，低客单价业务集中在转诊客户上，但这类客户的消费水平整体偏低。为什么？因为该医院缺乏一些相应的设备和专家，客户只能转到别家医院进行治疗。

为此，医院要对过去 1~2 年的转诊记录进行统计并排序，然后找到转诊排名最靠前的业务，对其进行投入和产出的评估，以此决定是否通过引进相关专家和设备来降低转诊率、提高客单价。

促进老客户增值

第三根“大鱼刺”是促进老客户增值。为了有效了解客户满意度，促成与客户的持续合作，医院要做的关键步骤就是进行客户回访，而这就涉及回访策略。医院可以根据客户消费的主要项目类型，分别制定回访时间节点和回访话术，以减少客户流失。

在进行老客户维护的同时，医院还可以深度挖掘老客户的价值。如何才能实现老客户增值？根据医院的数据，从第一次来医院就诊到成功怀孕，再到结束诊疗，客户平均重复诊疗 6 次。那么医院是否可以让每个客户的消费次数增加到 8 次呢？这里所说的增加不是指恶意拉长客户的诊疗周期，因为对于医院来说，医护质量是排在首位的。但是，通过深度挖掘客户需求，我们发现医院可以通过提供怀孕后的“护航”服务，帮助客户更健康、更安全地怀孕，同时可以通过提供更多的增值服务来增加客户的消费次数，提升复购价值。

其实老客户身上还蕴藏着一个巨大的“宝藏”，那就是转介绍。老客户转介绍的成功率很高，而且口碑推荐、真人推荐往往更具说服力，同时这种方式对医院而言，营销费用低、获客成本低。事实上，很多企业对于转介绍的价值没有进行深度挖掘，缺乏细化的策略和方案。医护人员通常是想起来了就跟客户提一句："请帮我推荐给别的客户吧。"而有时候忙起来，员工可能连推荐的话都忘了说。这种随意的做法是无法有效提高转介绍率的，企业必须设计一套系统的转介绍流程，找到关键的转介绍节点，并形成具体的执行动作和话术。

例如，医院可以通过新形式，将"冷冰冰"的怀孕通知单变为小型的怀孕庆祝仪式，而这个仪式不需要很夸张，重在温馨，从而让客户心生感动。此时，医院再邀请客户进行转介绍，就会得到更好的效果。医院还可以每年举办一场"带着宝宝回娘家"的大型营销活动，现场进行礼品派送，让生了宝宝的妈妈带着孩子参加活动，为医院进行口碑宣传，从而实现转介绍价值的大释放。

孵化新项目

最后，医院在孵化新项目时需要考虑的是，针对男女同治的项目定位，确定引进什么样的专家，购入什么样的设备，以及如何与合作伙伴互相推荐现有的项目，同时明确整个项目的具体运营策略，以达成新项目预算业绩。在这里我就不一一展开分析了。

图 2–8 为该民营医院最终画出的鱼骨图。

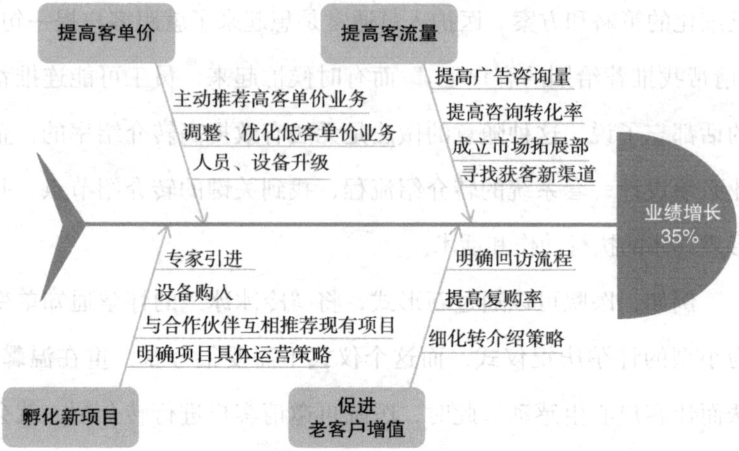

图2–8　某民营医院的经营增长系统策略鱼骨图

在分析过程中，营销部、咨询部、市场拓展部、门诊部、人力资源部等部门的重点管理策略也就变得清晰了（见表 2–3）。

表 2–3　某民营医院各部门的重点管理策略

部门	协同目标	具体措施
营销部	提高广告咨询量	减少传统广告的投入
		增加互联网搜索引擎广告、自媒体广告投入
		进行活动引流
咨询部	提高咨询转化率	每月与专家团队沟通，以提高专业度
		针对客户常见问题，形成 Q&A 标准话术
		组织通关培训，进行星级晋升评定
		通过排行榜来激励员工、提高转化率
市场拓展部	寻找获客新市场、新渠道	设立市场开发专员，与优质渠道机构合作

（续表）

<table>
<tr><th>部门</th><th>协同目标</th><th colspan="2">具体措施</th></tr>
<tr><td rowspan="4">门诊部</td><td rowspan="4">提高利润率</td><td colspan="2">主动向有需求的客户推荐优质高客单价业务</td></tr>
<tr><td colspan="2">明确回访流程</td></tr>
<tr><td colspan="2">提供“护航”服务，提高复购率</td></tr>
<tr><td colspan="2">细化转介绍策略</td></tr>
<tr><td rowspan="4">人力资源部</td><td rowspan="4">提供人才支持</td><td rowspan="2">招聘</td><td>招聘市场开发专员</td></tr>
<tr><td>引进新专家</td></tr>
<tr><td rowspan="2">培训</td><td>咨询部门通关培训</td></tr>
<tr><td>回访及优质业务培训</td></tr>
</table>

通过对重点管理策略的分析，医院完成了从高层到中层的策略衔接，各部门不仅知道该去往何方，还知道具体的路线。如此一来，医院便可充满信心地朝着目的地全速前进。

员工掌握关键动作，一招制敌

在经营增长系统策略清晰，重点管理策略细化的情况下，企业的执行重点应当落实到基层，企业不需要让员工十项全能，而是需要抓住重点打法，明确关键动作，让员工通过简单执行便能一招制敌，从而实现业绩增长瓶颈的快速突破。

例如，在上述案例中，该民营医院的执行重点是：咨询师掌握针对客户常见问题的 Q&A 话术；客服在回访老客户时掌握针对不同项目的回访节点及回访话术等。每位员工都要非常清楚在增长战役中，自己该怎么干。

为什么很多企业无法实现经营增长？因为高层虽然确定了战略方向和大致的经营策略，但没有制订全局性、系统性的策略规划；而在部门层面，中层又处在过去的惯性思维中，没有形成承接高层战略的经营策略，也没有形成细化的管理方案，没有找出创新打法；在员工层面，员工也没有找到关键动作，中高层往往指望基层员工自己能想明白怎么干，甚至做到十项全能，他们往往希望员工能完成十件事，但员工能完成五件甚至三件事就不错了。所以，虽然企业经营者基于市场变化，看到了增长的机会，提出了战略调整的想法，但是在实际战略落地时，企业却缺乏重点战役的作战部署。这导致各个层级的策略是脱节的，没有达成策略的一致性，企业从战略到执行存在巨大的鸿沟。

所以企业必须在形成系统策略的基础上，进行策略细化，带领团队找到达成目标的关键路径，让各部门及其员工不仅知道该去往何方，还知道具体如何去做，能够充满信心地朝着既定的目标全速前进。企业只有保持上下策略的一致性，才能真正做到策略聚焦。

激活战略性增长应用案例

从战略聚焦到目标聚焦，再到策略聚焦，我们一直在强调“聚焦”这个关键词。聚焦是指一束光聚于一点，其核心在于方向的一致性。所以企业上下要达成战略共识、目标共识和策略共识，形成真正的事业共同体，做到力出一孔，共同推动企业的经营增长。

如何实现聚焦？重点在于找核心、抓关键，不是做多，而是做对。在战略上，企业要找到核心客户、核心产品和核心区域；在目标上，企业要抓关键部门、关键岗位和关键指标；在策略上，企业要对经营增长系统策略、重点管理策略进行细化，找到关键动作。

通过以下两个案例，大家能看到我们是如何运用这个逻辑去帮助企业激活战略性增长的。

To B激活案例

在我们辅导的企业中，有一家农牧企业，这是一家主营猪饲料的上市公司。从整个行业状况来看，该企业无法做到行业最大，在体量上无法与头部企业相比。所以该企业要进行战略聚焦，找到区别于竞争对手的差异化优势。它的优势是什么？我们认为是教保料（乳猪饲料）。

一般来说，猪在不同的生长阶段吃的饲料是不一样的。在育肥阶段，猪的食量大，企业对饲料的需求量大，但这类饲料的附加值低，利润空间小。相反，在乳猪阶段，企业的饲料需求量较小，但这类饲料的附加值却很高，利润空间大。

尽管该企业在体量上不占优势，但它可以聚焦具有差异化优势的核心产品，以此为突破口，在竞争中与标杆对手区别开来。所以该企业在进行战略聚焦后确定的战略目标是：成为中国教保料第一品牌。

紧接着，企业的战略目标需要变成整个团队的一致性目标，由整个企业共同推动战略目标的达成。

从经营上看，该企业经过十几年的发展，已经进入成熟期。成熟期的目标以什么为主？答案是利润。过去该企业主要制定的是销量目标，企业如果仍然将销量增长作为经营目标，那么会存在什么问题呢？团队会以销量增长为导向，什么好卖就卖什么。团队为了提高销量而生产了大量的跑量产品、低端产品，还总跟公司要政策、要活动、要特价。最终结果是，销量增长了，利润表现却不理想。更重要的是，这会导致团队目标与公司战略目标——成为中国教保料第一品牌不一致。这是因为教保料产品的销售单价高，但是市场总量相对较小，企业以销量目标为导向反而会让团队在核心产品上发力不足，从而偏移了当下企业的战略目标。

因此，该企业在年度目标规划上必须做出相应调整：在年度经营目标上，该企业应把销量目标转变为利润目标，聚焦利润增长；在年度管理目标上，为了达到成为中国教保料第一品牌的目标，该企业要逐年提高教保料产品的销售占比，实现战略产品的市场份额提升。

企业年度目标锁定后，各关键部门需要协同作战。为了实现利润增长、提高教保料产品的销售占比，该企业需要哪些关键部门的配合呢？

首先，营销部是冲在第一线的，它直接对企业的年度目标负责，所以营销部要同步将部门目标定为销售利润增长，同时要在教保料产品的销售上发力。

根据利润公式，企业要想实现利润增长，除了增加收入，还需进行成本优化。那么从研发到采购，再到生产，各部门都要在保证品质的前提下配合进行降本。此外，为了实现企业的年度管理目标，提高教保料产品的销售占比，研发部需要对教保料产品进行升级，生产部需要保证产品品质的稳定，从而帮助营销部更好地将教保料产品推向市场，促进销售目标的达成。

最后，人力资源部需要通过提高人效来降低人工成本，并引进教保料领域的专业销售人才和技术人才，以支撑企业在细分领域做深、做透，从而形成差异化的竞争优势。

表 2–4 为该企业从战略目标到年度目标，再到关键部门协同目标的目标聚焦表。

表 2–4　某农牧企业的目标聚焦表

<table>
<tr><td>战略目标</td><td colspan="2">中国教保料第一品牌</td></tr>
<tr><td rowspan="2">年度目标</td><td>经营目标</td><td>管理目标</td></tr>
<tr><td>利润增长</td><td>提高教保料产品的销售占比</td></tr>
<tr><td rowspan="6">关键部门协同目标</td><td>部门</td><td>协同目标</td></tr>
<tr><td>营销部</td><td>销售利润增长，教保料产品的销量增长</td></tr>
<tr><td>生产部</td><td>制造降本，产品品质稳定</td></tr>
<tr><td>研发部</td><td>配方降本，产品升级</td></tr>
<tr><td>采购部</td><td>采购合格</td></tr>
<tr><td>人力资源部</td><td>提高人效，引进教保料领域的专业销售人才和技术人才</td></tr>
</table>

当关键部门锁定了协同目标后，相应的关键岗位 KPI 也需要调整。首先，分公司总经理的 KPI 要变为利润目标达成和教保料产品销量达成，不再围绕总销量达成。其次，各部门关键岗位的 KPI 要与部门协同目标一一对应（见表 2–5）。

表 2–5　某农牧企业关键部门关键岗位的 KPI

所属关键部门	关键岗位	KPI
营销部	营销总监	达成利润目标，达成教保料产品销量目标
生产部	生产主管	达成降本目标，达成产品品质提升目标
研发部	研发主管	达成配方降本目标，达成产品升级目标
采购部	采购总监	采购合格率达标，达成采贸利润目标
人力资源部	人力资源总监	薪酬效益率达标，提高核心岗位的人岗匹配度

目标体系确定后，企业紧接着就要研究出一套突破增长瓶颈的策略组合拳，从而找到达成年度目标的具体路径。

该企业的年度经营目标是实现利润增长，各个企业实现利润增长的逻辑其实大体相似，提高毛利率和成本管控（包括采购降本和制造降本）是两个重点方向。

如何提高毛利率？企业可以从两个维度入手：一是优化产品销售结构，二是进行价格管控。

在优化产品销售结构上，企业要进行损益分析，找出高毛利润产品和低毛利润产品，一方面提升高毛利润产品占比，另一方面对低毛利润产品进行调整。

对于该企业来说，高毛利润产品是什么？答案是教保料产品。

所以首先，该企业要提高教保料产品的销售占比。为此，企业可以采取的方式有：通过举办专题活动来促进教保料产品的销售，进行教保料的产品研发升级与市场推广，围绕教保料产品给予 A、B 类大客户相应的政策支持和引导。其次，对于不合理的低毛利润产品，企业要进行“停、转、改”。对于拥有足够销量的产品，企业要保留，但企业要针对这些低毛利润产品进行研发降本，提高毛利率。至于其他的低毛利润产品，企业可以做下架处理，不再销售这些产品，将有限的资源聚焦于核心产品，对其进行“饱和式攻击”。

在价格管控上，企业首先要围绕产品制定相应的定价策略，并判断是否需要对其进行适当调整。其次，由于该行业的原材料价格会波动，所以企业需要制订采购价格预警方案，以实现采购价格与销售价格的联动。当采购价格波动至一定范围时，相关部门就要发出预警信号，以便企业快速反应，及时调整销售价格。最后，为了确保销售人员按照既定的价格政策工作，企业需要制订底价预警方案。一旦触及销售底价，销售人员就需要将订单反馈至市场部，由后者进行审批。

当确定了提高毛利率的策略后，企业还需要对哪些成本费用进行重点管控？

采购成本是该企业的第一大成本，所以采购降本势在必行。为了应对原材料价格的波动，企业需要和专业机构合作，对价格趋势进行预判，采取买入套期保值[①]的创新方法，以降低原材料价格波动带来的影响。此外，企业还可以采用开发替代材料、开发新的供应商或者招标比价等方法来降低采购成本。

除采购成本以外，制造成本也在企业的成本费用中占据了相当大的比重。为了降低制造成本，企业又该如何做？首先，企业应采用错峰生产的方式来降低能耗。其次，企业要提高来料的抽检比率，减少来料的耗损。最后，企业要对机物料消耗[②]进行优化，通过降低机物料消耗来支撑企业的制造降本。

该企业属于大量用人的劳动密集型企业，这类企业要注意什么？答案是人效。因此，该企业也要关注人工成本，提高人效。我们帮该企业找出了提高人效的三大策略：一是优化岗位编制，通过定岗定编进行人员缩减；二是导入并实行末位淘汰制，定期淘汰低绩效的员工；三是专项提高生产人效，围绕企业生产中的瓶颈工序，进行专项技改，从而提高生产效率。

除了对这三大成本费用进行管控，其他成本费用可以通过控制预算偏差来进行管控。

经过分析，我们总结出该企业利润增长的策略组合拳鱼骨图（见图 2–9）。

---

① 买入套期保值又称多头套期保值，是一种用期货市场的盈利来对冲现货市场亏损的做法。

② 机物料消耗是制造费用的支出项目之一，指生产车间为维护生产设备正常运转所消耗的各种材料。修理用材料和劳动保护用材料不包括在此项目内。

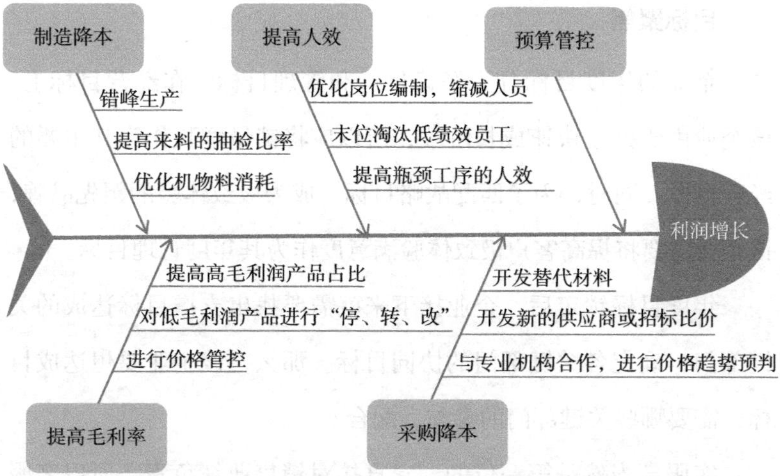

图2-9　某农牧企业利润增长的策略组合拳鱼骨图

当明确利润增长的策略组合拳后，企业高层、各部门管理人员、基层员工都明白了自己的工作重点，企业上下就能拧成一股绳，共同推动企业实现利润增长。

To C激活案例

关于 To C 的激活案例，我们选择了一家做高端水疗的休闲服务企业。该企业的战略目标是成为中国高端水疗极致体验的领先品牌，它选择在针对年轻、高端、时尚人群的极致体验上创造差异化的竞争优势。为了实现这个战略目标，该企业需要进行目标聚焦，并研究出一套实现目标的策略组合拳。

目标聚焦

企业的年度目标分为经营目标和管理目标。在经营目标上，该企业由于处于快速成长阶段，所以应将销量增长作为其主要的经营目标。同时，为了匹配战略目标，成为极致体验的领先品牌，该企业需要将提高客户极致体验满意度作为其年度管理目标。

年度目标锁定后，企业接下来就需要找出支撑目标达成的关键部门，确定各关键部门的协同目标。那么，该企业要想达成目标，需要哪些关键部门的参与、配合？

客服部当然是第一位的，它直接对销售业绩负责，所以客服部有销售目标。此外，客服部还要保证活跃会员的数量，因为仅进行客户开发还不够，关键在于留住客户，让客户变成会员并进行储值、持续消费。如果客户到店体验服务后不满意，不愿意成为会员或不再进行会员续费，那么这会影响企业年度目标的达成。

客服部销售目标和会员发展目标的达成需要技术部的配合，技术部服务客户的时间最长，它提供的服务会对客户满意度产生关键影响，所以技术部在服务过程中要保证客户的极致体验。同时，为了支撑客服部销售目标的达成，技术部要对客户进行核心项目的推荐，以促成销售。

实际上，该企业不仅为客户提供水疗服务，还为高端会员提供相应的餐饮服务。所以，餐饮服务也是客户极致体验中的重要一环。想要在餐饮方面得到客户的认可，该企业需要做些什么？首先，企业要进行持续的菜品创新，让客户看到亮点；其次，企业要保证良好的餐饮品质，让客户吃得满意。所以餐饮部要将菜品创新和提高客户极致体验满意度作为自己的协同目标。

而作为企业润滑剂和传送带的人力资源部也要协同作战——大力发展 A 类员工，通过引进优秀的金牌管家、顶尖技师来为会员提供极致服务，从而提升服务质量。另外，为了确保员工按照企业制定的服务标准去执行，人力资源部还要关注员工执行率，避免出现员工不按标准执行而影响客户满意度的情况。

基于上述分析，我们画出了该企业的目标聚焦表（见表 2–6）。

表 2–6　某休闲服务企业的目标聚焦表

<table>
<tr><td>战略目标</td><td colspan="2">中国高端水疗极致体验的领先品牌</td></tr>
<tr><td rowspan="2">年度目标</td><td>经营目标</td><td>管理目标</td></tr>
<tr><td>销量增长</td><td>提高客户极致体验满意度</td></tr>
<tr><td rowspan="5">关键部门
协同目标</td><td>部门</td><td>协同目标</td></tr>
<tr><td>客服部</td><td>提高销量，增加活跃会员数量</td></tr>
<tr><td>技术部</td><td>推荐核心项目，提高客户极致体验满意度</td></tr>
<tr><td>餐饮部</td><td>菜品创新，提高客户极致体验满意度</td></tr>
<tr><td>人力资源部</td><td>发展 A 类员工，保证员工执行率</td></tr>
</table>

一旦关键部门的协同目标得以确定，各关键岗位的 KPI 也就同步锁定了（见表 2–7）。

表 2–7　某休闲服务企业关键岗位的 KPI

关键部门	关键岗位	KPI
客服部	客服	销售目标达成，活跃会员数目标达成
技术部	技师	核心项目推荐目标达成，客户极致体验满意度目标达成

（续表）

关键部门	关键岗位	KPI
餐饮部	餐饮主管	菜品创新目标达成，客户极致体验满意度目标达成
人力资源部	人力资源主管	A类员工招聘到岗率目标达成，员工执行率目标达成

到此，该企业就完成了目标聚焦，从而保证了企业上下目标的一致性。

销量增长策略组合拳

达成目标共识后，企业接下来要做的就是通过鱼骨图，研究出一套销量增长策略组合拳，从而实现策略聚焦。

该企业的“鱼头”是什么？答案是实现销量增长。对于 To C 企业来说，销量增长通常与三个关键因素有关：客流量、客单价和复购率。首先要有更多的客户前来消费，企业才有销量增长的可能，所以企业要想办法提高客流量。同时，仅有客流量还不够，企业还要想办法让每个客户体验更多的产品和服务，也就是提高客单价。此外，企业还要提高复购率，让每个客户增加消费次数。只有这样，企业才能实现销量的稳健增长。对于该企业来说，复购率与什么有关？答案是客户的极致体验满意度。客户只有对企业提供的服务感到满意，才会选择继续消费。所以该企业提高复购率的关键就在于提高客户的极致体验满意度。

根据上述分析，我们找到了该企业实现销量增长的三根“大鱼刺”：提高客流量、提高客单价和提高客户极致体验满意度。企业接下来就要进行具体策略的细化，为“大鱼刺”画上“小鱼刺”。

第一，提高客流量。有客流量才有收入，因此几乎所有的 To C 企业都会抓客流量。但为什么效果不佳？这通常是因为企业没有对客流结构进行战略性分析，没有聚焦核心客户。通过分析该企业的客流结构，我们发现活跃会员占该企业客流量的 70%，散客占 20%，剩下 10% 的客流量源于线上引流。但是过去该企业找错了发力点，将重心放在吸引散客和线上优惠推广上，而对占比高达 70% 的活跃会员不够重视。

既然活跃会员对销售业绩的贡献最大，那么企业要做的就是聚焦活跃会员的开发与维护，并制定重点策略。

首先，在政策方面，企业需要优化会员政策，对会员进行分级。与之相应的是，企业也要进行会员管家分级，不同级别的会员由不同级别的管家进行服务，让金牌管家服务高端会员，以保证高端会员的极致体验满意度。

其次，活跃会员是由新增会员转化而来的，所以企业要想办法将到店体验的客户发展为会员。为了达到这个目的，企业需要研究出相应的会员转化策略。具体来说，企业可以从三个方面入手：制订新会员办卡优惠方案，并对到店体验的客户进行项目推荐；给予新客户体验会员项目的机会，提前确定新客户体验会员项目的流程和介绍话术；对于当天消费后未办卡的客户，企业需要进行回访跟进，邀请这些客户再次到店体验专项升级项目。

再次，企业还要做好现有会员的维护工作，保证现有会员的活跃频次。企业要对现有会员进行盘点，建立会员档案，并对会员档案进行分析，深入了解会员的消费偏好，从而为其提供个性化服务，并进行差异化推送，尤其要对优质客户进行重点跟进。企业还需设置会员未到店时间预警线，如果会员长时间未到店消费，企业就要及时激活他，不要等到客户流失后才想起来回访，到那时已无力回天。

最后，对于已经陷入“沉睡”的客户，企业要有针对性的“唤醒”策略。过去该企业也会对沉睡会员进行“唤醒”，但是效果并不好，无论怎么打电话，客户都不再到店消费。为什么？因为过去该企业用的是统一的“唤醒”策略：给会员群发短信，告知会员现有的优惠方案。然而，客户不见得会对这些优惠方案感兴趣，而且由于手机常常收到各种营销信息，客户会自动忽略一些群发信息，因此这种统一的“唤醒”策略无法引起客户的注意，也无法满足高端会员的个性化需求。所以企业需要调整策略，在了解客户消费偏好的基础上，制订个性化的“唤醒”方案，除统一的门票优惠政策以外，还要给予会员专属优惠，投其所好。只有这样，企业才能真正激发客户重新到店消费。

企业维护好现有会员容易，但“唤醒”沉睡会员却并不简单，所以企业还应制定相应的会员唤醒激励政策，给予会员管家一定的达标奖励，让员工更有动力去执行。

除了活跃会员，对于散客，企业又该制定哪些相应的策略？

该企业过去也尝试过异业合作[①]，例如，与健身房达成合作协议，但效果并不好。因为该企业的目标客户是高端人群，通过健身房引流过来的客户群体与该企业的目标客户匹配度较低。虽然该企业通过优惠活动吸引了一群人，但是最终这群人并没有转化为会员，所以这样的异业合作自然是失败的。所以企业需要重新寻找拥有相同目标用户的机构进行合作，比如跑车俱乐部、高端酒吧、高端礼服定制机构等。此外，企业还可以与高端机构、金领员工多的单位开展团购合作。

而对于线上部分，由于该企业的客单价较高，所以常规的促销引流方案无法为企业带来真正的目标客户。那么企业该如何做？由于该企业的目标客户是年轻、高端、时尚人群，在当下这个移动互联网时代，年轻人的消费选择在很大程度上会受网络评价和网络宣传的影响，所以该企业可以重点关注网络评价，做好网络评分的维护工作，尝试将企业打造成年轻、时尚、高端的网红打卡地和高评分的优质消费场所，由此实现线上引流。

第二，提高客单价。过去该企业全年都在用相同的策略来提高客流量和客单价，但经过数据分析，我们发现企业不能在各个时间段都采用相同的策略。为什么？因为该企业存在销售淡季和旺季，这就意味着企业要采取更精准的策略。

由于夏季温度较高，前来体验水疗服务的客户相对较少，客

① 异业合作是一种合作营销策略，营销主体为两个或两个以上不同行业的企业，资源共享和低成本是其最大的特色。

流量不足。在这种情况下，企业就不能提高门票价格，否则会导致客流量更加不足。那么在夏季企业该如何做？答案是控制客单价，抓核心项目的达成率，保证核心项目的客户满意度，让核心项目得到客户的认可，以吸引更多的客户消费核心项目，从而自然而然地实现客单价的增长。

冬季气温低，客户更愿意在这个季节来体验水疗服务，所以该企业的冬季客流量非常大。如果企业此时再继续发力提高客流量，客户的极致体验就会受到影响，所以企业在冬季应该控制客流量，以提高客单价为主。具体来说，企业可以提高冬季的门票价格。由于冬季不缺客流量，所以企业可以采用提价的方式来提高客单价。

第三，提高客户极致体验满意度。在提高客户极致体验满意度上，最基本的是要保证服务品质，所以该企业过去在员工服务标准的培训和执行检查上花费了大量精力。但员工仅仅达到合格还不够，因为该企业追求的是极致体验，所以企业还要有“亮点工程”，要让客户感到震撼以及物超所值。例如，企业可以在餐饮上不断制造亮点，进行菜品创新，向会员提供帝王蟹畅吃、法国红酒畅饮等服务，让会员感到物超所值。

此外，企业还可以通过为 VIP（高级会员）提供专属服务区的方式来提高客户的极致体验满意度。

以上就是该企业实现销量增长的策略分析。图 2–10 为该企业的销量增长策略鱼骨图。

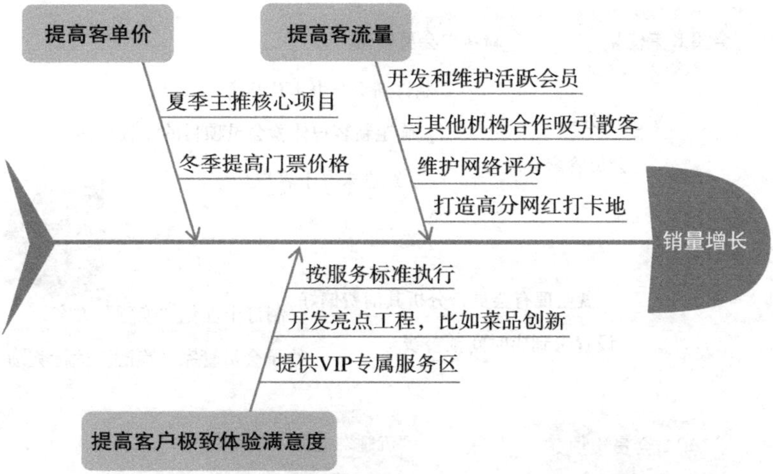

图2-10　某休闲服务企业的销量增长策略鱼骨图

其中，活跃会员的发展和维护是重中之重，我们对其进行了重点细化（见图 2-11）。

经过上述策略分析，客服部、技术部、餐饮部、人力资源部只需找到自己对应负责的部分即可。同时，员工的关键动作变得十分清晰明了，例如，技师的关键动作就是按服务标准执行，并牢记推荐核心项目的流程和话术。

通过以上两个案例我们可以发现，激活战略性增长其实并不复杂。企业首先进行战略聚焦，找准增长点，进而走好关键的两步：目标聚焦和策略聚焦。而聚焦也并不复杂，就是把握两个要点：一致性和抓关键。企业只要迈对步子、抓住要点，就能真正做到力出一孔、高效作战，从而快速取得增长成果。

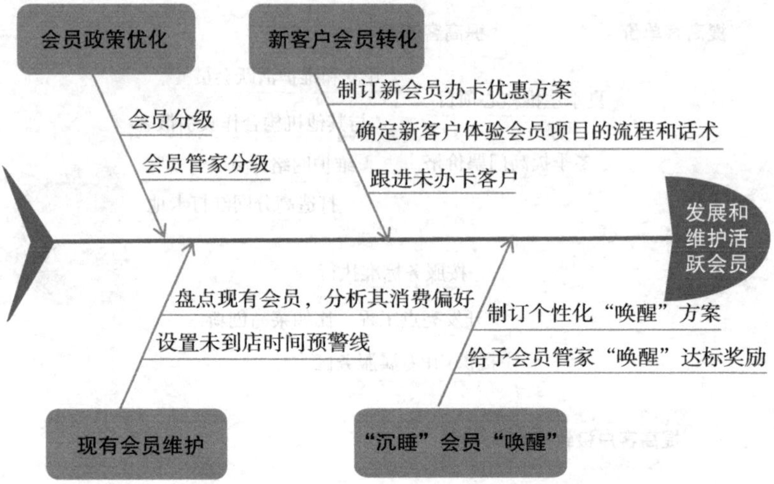

图2–11　某休闲服务企业针对活跃会员的重点策略鱼骨图

练习　战略聚焦工具表

表 2–8　战略聚焦工具表

企业名称		年营业额	
战略聚焦	定位		
	行业		
	区域		
	产品		
发展阶段	☐ 初创期　☐ 成长期　☐ 成熟期　☐ 衰退期		
战略性增长成果			

练习　目标聚焦工具表

表 2–9　目标聚焦工具表

战略目标		
年度目标	经营目标	管理目标
关键部门协同目标	重点部门	协同目标

练习　增长策略工具表

表 2–10　增长策略工具表

突破增长组合拳		
关键部门	关键指标	重点策略

第3章

激活管理：打造一致性增长型组织

激活企业家精神后，一把手和团队就坚定了事业梦想，企业进而进行战略聚焦、目标聚焦、策略聚焦，从而形成上下一致的战略性增长规划。在这之后，企业便需要将规划落实到团队层面，激活管理，推动企业增长规划的落地和执行。

这要求企业既要像大企业一样系统化、规模化地运作，还要像小企业一样保持敏捷和灵活。激活管理的三个关键是：组织重构，企业的架构需要与自身的战略性增长规划相匹配；人才优化，确保团队精简、高效，以此来推动增长规划落地；执行管控，将整个增长规划转化为管理成效。

组织重构：平台专业，业务自主

激活管理的第一步是组织重构。企业之所以要进行组织重构，目的是让整个组织变得精简、高效。过于复杂的组织架构，往往会“绞杀”企业的战略与执行。当所有人都发现战略性增长机会时，谁转身快，谁更有速度与激情，谁就更容易成功。

在根据战略经营规划重构组织时，企业要从三个方向出发：一是构建强赋能、高专业度的共享平台；二是打造自主高效的业务团队；三是寻找战略合作伙伴。

构建强赋能、高专业度的共享平台

构建敏捷高效型组织要重点关注的第一点是构建强赋能、高专业度的共享平台。

企业在发展到一定规模后，会普遍存在两个方面的问题。一是业务快速发展，后方支撑平台却跟不上。企业的职能部门缺乏对市场业务的了解，无法提供专业的指导和支持，只能被动响应，做一些基础性工作。这样一来，一线团队扛着业绩压力，却得不到中后台职能部门的专业服务和资源共享等支持，感觉像是在孤军奋战。最终结果是，市场团队做到了十项全能，但因为看不到企业的平台价值，索性“自立门户”，或者大部分一线员工奋战得非常疲惫，却难以得到更好的业绩产出。

二是企业后台脱离市场实际，慢慢形成官僚作风，将工作重心放在流程的审批和执行上，关注管控远远大于关注服务和赋能，甚至出现相互指责、推诿的现象，内耗严重，从而导致企业无法快速响应市场需求。让“听不见炮火的人”快速决策，使企业失去了真正以客户为中心、市场成果为导向的敏捷性。结果就是，业务团队的大量时间和精力没有花费在做出市场业绩上，而是浪费在内部事务沟通和关系协调上，这自然限制了企业的市场活力和经营发展能力。

因此，企业要想打造一个敏捷高效型组织，首先就要构建强赋能、高专业度的共享平台。通过共享企业的工具和数据，强化平台价值，使赋能大于管控，从而实现资源共享、信息共享、技术共享等。同时，在核心业务、关键技术、人才等方面为员工提供高专业度支持，让员工专注工作，轻松上阵。

例如，我们曾辅导过一家快餐连锁企业，该企业的战略目标是成为区域内餐饮直营连锁第一品牌，但该企业的员工流动率高，且人员配置严重不足，无法支撑企业达成目标。

在辅导过程中，我们发现关键问题是：企业总部没有强化人力资源共享功能和对员工的专业赋能，仅停留在按流程审批门店员工的入离职上，也没有对门店如何培训新员工提供相应支持，完全由各门店自行完成人员招聘和培训；同时，在门店人员严重缺乏的情况下，店长的大量时间花在基础事务上，难以在人员招聘和培训上投入足够的时间和精力。

在对一个业绩达成率排末位的问题门店进行分析时，我们发现门店人员严重缺编，而店长是一个责任心很强的人，为了使门店正常营业，他每月工作29天，每天在岗12个小时。由于该企业按时薪计算工资，所以店长的个人收入很高，但门店整体业绩很差。在和店长沟通后我们了解到，其实不是店长不愿意招聘和培训员工，而是因为他没有好的方法，也没有时间和精力。所以门店人员空缺的问题长时间得不到解决，企业陷入了“门店缺人—店长顶上—店长无暇招聘、培训员工—门店缺人”的恶性循环。

基于该企业的直营连锁发展规划以及必须优化门店人员配置和培训的需求，我们认为企业应快速强化人力资源共享功能，将总部的行政部兼基础人事管理部门升级为人力资源部。具体解决方案是：第一，设立从星级员工到店长的晋升机制，将达到标准的员工评为星级员工，调派星级员工到人员紧缺或业绩过差的帮扶门店做储备店长；第二，建立门店招聘和新人培训流程，总部统一录制新人带教、培训视频，通过云盘将其共享给店长，然后店长按照统一流程和方法对新人开展 4~8 周的培训，并按计划详细罗列每周带教新人所需掌握的知识点、技能、实操目标，同时结合培训视频进行员工学习自评和店长带教评价。这样，店长的管理能力和员工的培训效率都得到了有效提升。

表 3–1 为该快餐连锁企业构建强赋能、高专业度共享平台的方案。通过强化人力资源管理系统的共享职能，该企业的新员工流失率大大降低，新员工的学习效率和效果得到提升，店长获得储备店长的配合和支持，门店的业绩有了显著提升。更重要的是，人才配置上来了，企业有了实现战略规划的基础。

表 3–1　某快餐连锁企业构建强赋能、高专业度共享平台的方案

战略目标	区域内餐饮直营连锁第一品牌
具体策略	实现单店业绩增长 提高门店人才配置 储备人才以支撑新店发展

（续表）

强化人力资源管理系统的共享职能	建立门店招聘及新人带教培训流程 进行 4~8 周的新人培训
	设立从星级员工到店长的晋升机制 形成储备店长人才资源
业务轻松上阵	按流程计划和培训工具完成人才配置 专注门店业绩增长

构建强赋能、高专业度的共享平台能够直接提升团队的工作效率，加快企业内部信息的交流，降低成本，提高企业竞争力。企业调整组织架构的方式有很多种，但核心原则只有一个，那就是快速反应、打赢战争。

所以，以快速响应、满足顾客为导向，构建强赋能、高专业度的共享平台要求企业重点从两个角度进行思考：第一，如何为业务团队赋能；第二，如何为业务团队提供高专业度的支持。因此，企业要明确哪些能力需要放在共享平台上为业务赋能，哪些专业支持必须要通过共享平台实现，进而打造一个系统化的共享平台。

打造自主高效的业务团队

企业构建敏捷高效型组织要重点关注的第二点是打造自主高效的业务团队。

企业要最大程度授权业务团队，让“听得见炮火的人”做决策，聚焦企业的产品或客户，让团队利用高度自主权来快速响应客户需求，响应市场变化，做出业务调整。在业务团队高度自主的基础上，企业可以根据业务特性来规划业务团队的架构。

成熟业务：科层化团队

对于已经非常成熟的业务，企业强调的是执行效率。哪种团队的执行效率最高呢？答案是科层化团队。

科层化团队的主要特征有：团队内部分工明确、职位分级，有着严格的团队运行规则，每位成员的权力和责任都是明确的，下级接受上级指挥；团队成员凭借专业技能而被选中，不需要经过过多的培养就能做好自己的分内工作；团队内部没有太多私人感情，成员之间只有工作关系。

军队就是最典型的科层化团队，在执行任务时，每位成员都了解自己必须履行的职责及组织运作规范，且他们的实力都很强，团队通过上下级之间控制与被控制的纵向命令关系，有效达成既定目标。

对于成熟业务，企业内部通常已经建立标准化、流程化的机制，员工只需要按照机制行事即可，不需要管理者过分干涉。管理者在开展业务前定好目标并将其传达给团队成员，使其能够快速反应、立即执行，从而确保业务高效落地。

定制服务：项目制团队

成熟的业务可以使用科层化管理，但今天很多企业发现，大量的项目需要基于客户的需求来提供定制服务，尤其是大客户。客户与客户之间的情况全然不同，比如我们辅导的每家企业几乎都面临不同的问题，且企业越大，面临的问题越复杂，越需要优秀员工。

企业如果为客户提供的是定制服务，就无法按照既定的标准化模式提供产品或服务，而是要有针对性地提供特殊服务。因此，在为客户提供定制服务时，企业更需要组建一个项目制团队，将市场团队、业务团队、技术团队等整合起来，协同作战，共同为客户提供更符合其需求的服务。

项目制团队通常是临时组建起来的，项目制团队的使命就是完成某项特定的任务，实现项目的既定目标，满足客户的需求。对于项目制团队，最难的一点是提高队员的合作意识，每个队员所擅长的往往是不同的，企业需要将队员的长处结合起来，打造一个具有极强交付能力的团队。

华为的“铁三角”团队就是典型的项目制团队，即将负责客户界面的 AR（Account Responsibility，客户经理或系统部部长）、负责产品和解决方案的 SR（Solution Responsibility，产品或服务解决方案经理）以及负责交付的 FR（Full Responsibility，交付管理和订单履行经理）组合起来，形成一个三足鼎立的铁三角团队（见图 3–1）。

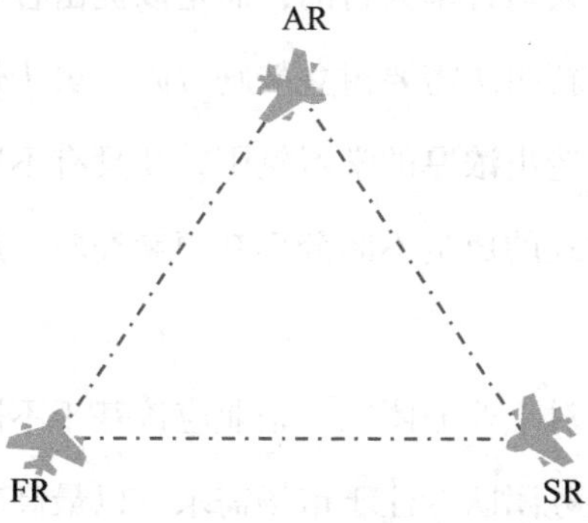

图3–1　华为“铁三角”团队

华为“铁三角”团队涵盖企业最核心的三大业务体系，是一个高效的市场攻坚团队，能够快速响应客户的需求。任正非曾说：“三角，并不是一个三权分立的制约体系，而是紧紧抱在一起、生死与共、聚焦客户需求的共同作战单元。它的目的只有一个，就是满足客户的需求，成就客户的理想。”

新业务：创新团队

随着企业的发展，我们发现，许多企业在原有业务的基础上，需要思考新项目的孵化和培育问题。但旧业务、旧团队和旧方法很难帮助企业成功孵化新项目。如果企业把新项目交由旧团队管理，那么新项目能够得到的资源通常是严重不足的，且旧团队很难改变惯性思维，以真正支持新项目的孵化和培育。

所以，如果企业要进行新项目的孵化和培育，那么我们建议在架构层面单独设立一个创新团队，由其自主、高效地进行新项目的试验孵化和培育，企业给予相应的资源支持。

创新团队与其他业务团队不同，创新团队成立之初并不以取得高绩效、完成大笔订单为目的，而是以提出各种创新性想法为动力。因此，创新团队需要树立鼓励冒险、勇于创新、允许失败的价值观，并营造出浓厚的学习氛围，让具有不同知识结构、专业特长和思维方式的成员不断分享知识和经验，从而迸发出创新的火花。

总而言之，对于业务团队，企业应该基于不同的业务特性来调整架构，让业务团队专注于市场需求，以最高效的方式进行业务拓展。

寻找战略合作伙伴

企业构建敏捷高效型组织要重点关注的第三点是寻找战略合作伙伴。

每家企业都有自身专注与擅长的领域，企业经营者一定要明白，有很多业务是不需要或不能够由企业组建团队亲自去做的。企业将这些业务梳理出来，交给战略合作伙伴去做，能够帮助企业快速补强，并得到更高效的协同结果。简单来说，就是企业基于专业或效率优先原则，进行战略合作伙伴的开发与业务整合。

有些企业只依靠自身的资源，就使员工达到高专业度，让其快速完成企业的新任务，但是专业人才的培养速度是非常慢的。通常情况是，企业花费很长时间去培养、打造团队，团队仍然达不到完成任务所需要的行业优秀标准。这时，企业与其慢慢引进、培养人才，不如基于专业化的考虑，直接与成熟的机构合作，达成战略合作关系。

某企业经营者曾向我讲述他遇到的问题：在互联网渗透率逐渐提高的当下，这位企业经营者也想发展线上电商业务。但是，企业现有的业务团队一直以来都在做优质企业客户团购的销售与开发业务，并没有直接面对消费者的线上业务运营经验，因此这位企业经营者便尝试着招聘电商业务主管以及电商运营和客服人员，计划建立一个专业的电商团队。然而一番尝试后，这位企业经营者发现，虽然招了很多人，但公司没有清晰的电商零售业务规划和策略打法，在反复摸索、试错后，人力成本增加了，企业始终产生不了业绩。

在我们的建议下，这位企业经营者打消了发展电商零售业务的想法，而是直接寻找具有线上分销功能和电商运营能力的战略合作伙伴，合作开展电商零售业务，以快速实现业绩提升。该企业仍旧专注自身擅长的产品开发和交付，合作双方在各自擅长的领域发挥专业价值，迅速实现了合作共赢。

再以一家生产型企业为例。这家生产型企业的业务量位居行业前五，但其利润率却低于行业平均水平。经过分析我们发现，在这家企业的成本结构中，有部分工序的自制成本远远高于外部采购成本。这些工序生产量小，效率低下，能耗高，且设备工艺不够先进，产品损耗大。这些问题大大拉低了这家企业的利润率。后来，该企业将这些工序取消，直接向合作伙伴发订单，由合作伙伴专门经营加工业务。后者的效率高，品质稳定，一年下来，这家生产型企业能够节约上百万元的成本。

那么，企业应当如何选择战略合作伙伴呢？通常，战略合作伙伴的选择要从两个方面思考。

第一，专业。企业选择战略合作伙伴首先要选择专业过硬的企业。专业化经营某种产品或某项业务的企业更有技术优势和品质保障，因为它们会为了领先同行而不断开拓创新，研发出质量更好、性能更佳的产品或技术。与这些专业伙伴的合作，可以快速补强企业在这些领域的能力。

第二，成本、效率领先。这是检验企业是否需要寻找战略合作伙伴的一个最简单的方式，当战略合作伙伴能够以更低成本、更高效率满足企业需要时，企业没有必要自己慢慢搭建团队，而是可以直接将部分业务外包给战略合作伙伴。

企业要想获得业绩增长，就必须识别哪些核心能力必须“为我所有”，哪些能力可以“为我所用”，从而让企业在具有专业品质保证的同时，低成本、高效率地经营发展。

企业根据战略经营规划，在共享平台和业务团队之间、内部平台和外部战略合作伙伴之间进行架构的匹配优化，对资源进行最高效率的安排，从而形成以市场客户为导向、协作互动、敏捷灵活的生态型组织。

人才优化：高效组织会先做减法、再做加法

在架构与战略、目标、策略匹配的基础上，企业还需要明确员工能力能否与之匹配。因此，激活管理的第二步是人才优化。

试想一下，10年前跟随企业打江山的人的能力，与今天以及未来3~5年企业发展所需的人的能力一样吗？昨天的能力，加上今天的努力，能否打赢明天的战争？答案是显而易见的——不能。所以企业经营者要检查企业的人才数量、人才质量能否支撑战略。企业要想激活管理，就必须进行人才优化。

许多企业在发展过程中会陷入一个误区：出于业务发展的需要，企业高层不断给人力资源部施压，要求他们招聘更多的人。但无论是扩宽招聘渠道，还是高薪聘请人才，企业的人才队伍始

终跟不上企业的发展，因此很多企业陷入“人很多，却仍然没人可用”的怪圈。出现这种现象的原因是，企业虽然引进了人才，但并没有对人才进行优化，人才的数量和质量始终跟不上企业的发展。

企业进行人才优化要先做减法，再做加法。

做减法：减掉冗余部门、冗余岗位、冗余人员

做减法就是要基于企业的发展规划，减掉冗余部门、冗余岗位、冗余人员。

随着企业的不断发展，原有的架构和职能已经发生了改变，但如果企业只是一味地增加人员，却没有及时缩减冗余部门、冗余岗位、冗余人员，那么整个组织将变得越来越低效。

例如：对于过往需要设立的，但现在已经无法提供核心价值的一些岗位，企业需要对其进行整合；对于一些人均效率严重低下的团队以及绩效严重不达标的人员，企业要及时进行缩减。

企业发展具有阶段性，一开始是“快鱼吃慢鱼”，即更加敏捷、灵活的企业在市场竞争中脱颖而出，而那些反应迟缓的企业跟不上步伐，逐渐被市场和用户抛弃。然后“快鱼”逐渐长成“大鱼”，“大鱼”开始吞食“小鱼”，并在行业中占据主导地位。

然而，发展到今天这个地步，我们可以发现，许多“大鱼”也面临挑战。为什么？因为当规模越来越大时，这些企业慢慢出

现了“大企业病”：信息阻滞、机体僵硬、组织庞大的“肥胖症”；小富即安、墨守成规的“僵化症”；职责不明、决策不定、反应迟钝的“痴呆症”。

正所谓，船大调头难。基于这些病症，大企业如果在面对瞬息万变的市场时，没有快速做出调整，就会由“大鱼”变成“慢鱼”。最终这些“慢鱼”会被大量反应敏捷、务实高效的“小鱼”一口一口蚕食。而从这一刻起，企业发展进入一个全新的阶段——“小鱼”吃“大鱼”。

我们可以发现，无论企业处于哪个阶段，“快鱼”始终处于上游位置，能在激烈的竞争中存活下来，而这就是企业做减法的意义——不仅仅是为了缩减成本，更重要的是让整个组织保持活力，变得非常高效，始终处于“快”的状态。

有些企业的人员配置并不充分，看起来几乎没有冗余人员，那么这类企业需要做减法吗？答案是需要。虽然这些企业在数量上没有多余人员，但仍要确保整个团队在质量上没有冗余人员，要提高人才密度，让所有人员的能力都能够匹配上企业的发展和增长规划。

例如，我们在第二章提到的做高端水疗的休闲服务企业。这是一家 To C 企业，其门店人手长期不足，在员工数量上并没有冗余的可能。我们在对这家企业的员工进行分析后，依然建议该企业对员工做减法。为什么？因为这家企业虽然在数量上没有冗余，但员工并非个个质量达标。

这家休闲服务企业的经营者在面对这个问题时犹豫了，他认为当门店人手不足时，那些业绩不达标的员工还是能做出一点业绩的。比如，门店每位员工的平均业绩为 10 000 元，而那些业绩不达标的员工每个月也能做出 5 000 元业绩。他认为如果没有这位员工，门店就会损失 5 000 元业绩。

但是企业不可以这样衡量，因为这些业绩不达标的员工会影响整个团队的氛围。当其他员工看到这些业绩不达标的员工每天工作都很懒散时，也会不自觉地放慢自己的脚步，很可能沦为业绩只有 8 000 元的员工；当客户走进门店时，这些业绩不达标的员工不主动接待，服务态度差，这很可能让原本可以成交的客户流失，且毁坏门店的口碑。所以，对于这些业绩不达标的员工，企业要及时淘汰，以免产生严重后果。

针对这家企业，我们做减法的重点是制定绩效淘汰规则。对于绩效不达标的员工，企业按照绩效淘汰规则，定期进行淘汰。淘汰员工不仅包括门店销售人员，还包括技术服务人员。门店销售人员如果销售业绩和会员发展数量不达标，就面临淘汰；技术服务人员如果客户满意度不达标，那么也面临淘汰。销售业绩和会员发展数量不达标，会影响企业业绩增长；客户满意度不达标，则会对企业的口碑产生影响。

同时，该企业增加了“客诉电网”机制，无论是门店销售人员还是技术服务人员，如果被顾客严重投诉，影响企业的口碑，就要被立即淘汰。

做加法：引进人才+关键岗位人才赋能

基于战略性经营增长规划，在做完减法后，企业还得做加法。

什么是做加法？一是引进优秀人才，让具备某项能力的人才帮企业补足短板、强化优势，把经营增长的目标策略落地；二是对现有的关键岗位人员加速赋能，提高现有团队的能力。

企业的发展需要人才支撑，做加法是对人才数量和质量的同步优化，因为企业将原本低效的部门、岗位和人员剔除后，需要补充优质人才，以促进企业发展。

上文提到的休闲服务企业在做完减法后，继续做了加法。加法加的是什么？

首先，该企业要强化对活跃会员的管理，因此成立了新的部门——管家部。管家部设立了不同级别的管家，由他们对会员进行专属维护和服务，将该企业战略端的极致体验策略落实到会员管理中。

其次，在对不达标的技术服务人员进行淘汰后，该企业又引进了 A 类技师，以提高核心项目的服务品质与客户满意度，进而实现核心项目在销售方面的良性循环。

最后，由于整个企业都要践行给予客户极致体验的战略，所以在企业层面，它开启了共享职能工作，成立了技术培训中心，对员工统一输出服务标准，提供技术培训。如此一来，原本依靠各个门店自行组织的基础规范和操作培训，变成了更具专业度、更快赋能的标准输出和技术培训。

表 3–2 为该休闲服务企业的人才优化组合方案。

表 3–2　某休闲服务企业的人才优化组合方案

<table>
<tr><td>战略目标</td><td colspan="3">中国高端水疗极致体验的领先品牌</td></tr>
<tr><td rowspan="2">增长目标</td><td colspan="2">经营目标</td><td>管理目标</td></tr>
<tr><td colspan="2">销量增长</td><td>极致体验达标</td></tr>
<tr><td>重点策略</td><td colspan="3">活跃会员到店人次
核心项目达成率
极致体验满意度</td></tr>
<tr><td rowspan="2">人才优化</td><td>做减法</td><td colspan="2">制定绩效淘汰规则：
淘汰销售业绩和会员发展数量不达标的员工
淘汰客户满意度不达标的员工

“客诉电网”机制：
淘汰被客户严重投诉的员工</td></tr>
<tr><td>做加法</td><td colspan="2">成立管家部
引进 A 类技师
成立技术培训中心</td></tr>
</table>

在第二章提到的农牧企业，是一家 To B（向企业提供服务）企业，基于其增长规划，我们梳理出它需要关注的两个方面：一是销量增长；二是提升教保料产品的销售占比。在落实这一规划时，企业发现要想实现销量增长，首先要减员增效，也就是做减法。

于是，企业将整个团队重新梳理、定岗定编，减少了 20% 的人员，并缩减了冗余部门、冗余岗位。同时为了提高人员效率，企业还进行了围绕绩效的优胜劣汰，对连续三个月 KPI 低于 60 分的人进行调岗降薪，以保证组织的高效。

很快，原本沉寂如一潭死水的组织被重新激活，团队中无法完成绩效的人被剔除，甚至有些团队被直接“砍掉”，原本三个人才能完成的工作现在仅需一个人，人效迅速提高。

同时，基于增长规划，企业也要做加法。因为该企业要提升核心产品的销售占比，成为中国教保料第一品牌，所以它引进了具备教保料专业知识的技术人才，让他们加入教保料研发、升级工作，以确保产品竞争力的持续提升。

另外，现有的销售团队也应当掌握教保料专业知识，因此该企业对现有的销售团队进行专业培训和赋能，要求销售团队必须在专业上通关，从而确保销售团队具备推销教保料产品的专业能力。

在采购降本上，企业需要预判行情走势，做出关于期货买入套保的正确决策，需要高专业度但自己难以培养的人才，所以它基于专业领先原则，选择专业机构作为战略合作伙伴。

表 3–3 为该农牧企业的人才优化组合方案。

表 3–3　某农牧企业的人才优化组合方案

<table>
<tr><th>战略目标</th><td colspan="3">中国教保料第一品牌</td></tr>
<tr><th rowspan="2">增长目标</th><th colspan="2">经营目标</th><th>管理目标</th></tr>
<tr><td colspan="2">利润增长</td><td>提高教保料产品的销售占比</td></tr>
<tr><th>重点策略</th><td colspan="3">核心产品占比提升
人效提升 15%
采购、制造降本</td></tr>
<tr><th rowspan="2">人才优化</th><td>做减法</td><td colspan="2">裁撤人员 20%
淘汰连续 3 个月 KPI 低于 60 分的员工</td></tr>
<tr><td>做加法</td><td colspan="2">技术人才引进
销售团队专业通关
与专业机构达成战略合作</td></tr>
</table>

企业经营者应先做减法，再做加法，不断优化企业的人才结构，留下能够创造绩效的员工，再引进专业人才，从而使企业运行流畅，提升整体效率。

执行管控：机制驱动，检查落地

激活管理的第三步是执行管控。企业基于战略聚焦，形成目标一致性、策略一致性的经营规划，进而完成架构与人才的匹配。紧接着，企业要确保团队把企业的整个经营规划落实到行动中，形成行动的一致性。为此，企业需要对团队进行执行管控。

执行管控包括两个动作：一是机制驱动，让团队有足够的动力、压力去改变行为；二是检查落地，让团队养成高效执行的习惯，进而持续复盘优化。

机制驱动：动力+压力

“机制动，人就动；机制不动，一动不动。”所以，在管理上，企业首先要进行机制设计，让团队成员知道“干得好”有明确的好处，使他们拥有足够的动力来改变行为；“干得不好”有坏处，让他们有压力来改变行为。

机制驱动主要是指通过机制的驱动设计，让团队有足够的动力和压力，把企业的增长目标、增长策略落地执行，所以机制设计需要“上接战略、下接绩效”，让团队与企业成为利益共同体、事业共同体。

我们仍然以上文提到的农牧企业为例，解读企业应当如何进行机制设计，承接战略“成为教保料第一品牌”、实现利润增长的经营目标，让团队有动力和压力来加速执行。

为了实现利润增长的经营目标和提高教保料销售占比的管理目标，我们已经通过目标聚焦形成了重点部门的协同目标，并落实为关键岗位的 KPI。所以，该企业关键岗位人员的每月工资中有 30% 为绩效工资，其与 KPI 达成率挂钩。他们每月的绩效工资要乘以 KPI 的得分，绩效指标达成好的可以得到 100 分、120 分甚至 150 分，绩效指标未完成的只能得到 80 分、60 分甚至 0 分。每月“干得好”和“干得不好”，会直接影响到他们每月的绩效工资，也就是以对应的动力和压力来促使关键岗位人员每月关注关键指标的达成进度。

同时，直接影响教保料销售占比、实现核心产品销量提升的人员，是企业的销售人员。我们需要销售人员重点关注企业核心产品的销售目标达成，推动教保料的市场占有率提升，而对销售人员的主要激励在于奖金提成。所以，企业不能只是通过绩效工资的浮动来做针对销售人员的机制设计，因为绩效工资对于销售人员销售教保料的激励性不足，企业要在奖金提成上做设计。

因此，我们进行了核心产品提成比例的调整，将教保料的提成比例提高为一般产品的两倍，这能使销售人员的销售带有明确导向性，让销售团队优先对核心产品进行销售，形成与公司产品战略的一致性。

机制驱动仅仅针对销售人员是不够的。围绕利润增长的经营目标，我们还需要大量的协同部门关注我们的降本规划，比如采购、制造、人效等都需要员工关注降本目标的达成。于是我们针对采购、制造专项降本设置了掘金奖，采购部员工通过降低采购成本来提升产品利润，达到一定的利润贡献指标，就能获得掘金奖。

同时，为了让所有中高层都关注利润目标的达成，我们还针对中高层团队设置了增量分红奖金：在全年目标达成的基础上，对于达到合理目标、超过保底目标的利润部分，也就是增量利润，企业计提百分之几分给中高层；如果达到挑战目标，那么对于达到挑战目标、超过合理目标的增量利润，企业会计提更大的比例，给整个中高层团队设置挑战性增量分红奖金包。

有了增量分红的机制，中高层团队就不会再就保底目标与企业讨价还价，而是更关注如何达成合理目标甚至挑战目标，来实现整个企业的利润增长和管理团队的分红、奖金、绩效共赢。

当然，“干得好”，鲜花、掌声和物质奖金全部跟上；“干得不好”，企业也要增加压力，促使团队改变。所以，我们除了给予员工动力，还设置了绩效电网给员工压力，即：连续两个月 KPI 达成率低于 60% 的员工，我们要进行电网警告；连续三个月 KPI 达成率低于 60% 的员工，我们要调岗降薪。绩效电网能让员工有足够的压力，一起实现企业的核心目标，快速推动关键指标的达成。

表 3–4 为某农牧企业的机制驱动方案。

表 3–4　某农牧企业的机制驱动方案

<table>
<tr><th>战略目标</th><th colspan="2">中国教保料第一品牌</th></tr>
<tr><td>企业年度目标</td><td>经营目标：利润增长</td><td>管理目标：提高教保料销售占比</td></tr>
<tr><td>重点策略</td><td colspan="2">核心产品占比提升
人效提升 15%
采购 + 制造降本</td></tr>
<tr><td rowspan="2">机制驱动</td><td>动力</td><td>绩效工资 ×KPI
核心产品 2 倍提成
掘金奖 + 增量分红奖金</td></tr>
<tr><td>压力</td><td>绩效电网</td></tr>
</table>

上文提到的高端水疗企业同样需要围绕它的增长目标和重点策略进行机制设计，分别从动力和压力维度驱动员工。

在动力维度，我们针对客服管家设置了会员发展达标提成，来提升门店的活跃会员率。每个门店都有许多新增会员，同时也有不少沉睡会员，这些沉睡会员都是认同企业服务、有消费能力的优质客户，如果被唤醒，他们就可以直接给门店带来业绩贡献。因此，如果每月新增会员数以及沉睡会员唤醒数合计达到目标数量，那么客服管家将获得相应的提成奖励。

同时，在客单价提升上，员工需要进行核心项目的主动推荐，形成高客单价。我们对企业的优势项目进行了评估与筛选，确定月度核心项目，形成技师团队的主推项目推荐目标。我们还将门店技师团队按级别进行分组，并设置了核心项目推荐 PK 奖，哪位技师在自己的小组中，核心项目推荐达标且超目标个数最多，就可以获得专项 PK 奖金。

核心项目通常是利润率高、客户满意度高的项目，这样的项目对门店业绩提升非常有价值。设置核心项目推荐 PK 奖，既能刺激员工推荐核心项目，提升门店业绩，也能引导员工提升技术能力，提高客户的满意度，进而提升复购率。

为了提升客户极致体验满意度，我们还设置了极致体验创新奖。凡是在服务客户过程中，提出创新方案、亮点工程，被公司通过并获得客户认可的员工，都会获得极致体验创新奖。极致体验创新奖涵盖大部分领域，包括门店服务创新、餐饮菜品创新、技术项目创新等。

在压力维度，我们沿用了客诉电网制度：对于被客户投诉的员工，如果犯的是小错误，取消其当日的会员提成奖金、核心项目推荐 PK 奖金；如果犯的错误严重，影响企业的极致体验口碑，其将被直接淘汰。

表 3–5 为某休闲服务企业的机制驱动方案。

表 3–5　某休闲服务企业的机制驱动方案

战略目标	中国高端水疗极致体验的领先品牌	
增长目标	**经营目标：**业绩增长	**管理目标：**极致体验达标
重点策略	活跃会员到店人次 核心项目达成率 极致体验满意度	
机制驱动	动力	会员发展达标提成 核心项目推荐 PK 奖 极致体验创新奖
	压力	客诉电网

检查落地：盯数据+盯执行

在检查落地的过程中，企业要确保团队真正紧盯增长目标、增长战役，将它们落实为团队的行动，使团队养成高效执行的习惯，所以一要盯数据，二要盯执行。盯数据就是盯目标达成进度，盯数据分析；盯执行就是对团队的执行情况进行每月、每周甚至每日检查，紧盯复盘。

在过往的企业辅导过程中，我们发现许多企业不是经营规划有问题，而是团队的落地执行没做好，即嘴里说着重要的事情，但手里干着日常紧急的事情，年初计划做十件事，到年底一看有五件没干，导致企业无法获得增长成果。

所以企业既要设计驱动机制，让团队有动力、有压力去执行，也要抓每月、每周、每日的检查落地，一只眼睛盯数据，一只眼睛盯执行。在“盯”的过程中，我们就能够知道企业增长策略是否落实为行动：对于做了之后有效的，我们要进行总结和固化；对于做了之后效果不理想的，我们要通过会议进行复盘，并快速讨论出修正方案。

许多企业并非没有增长策略，而是执行力度严重不足，这是导致企业增长策略无法落地的关键。

比如，我们在为一家企业做增长策略落地辅导时，就发现它在执行中存在检查落地环节严重缺失的问题。这家企业有两个联席总裁，他们共同管理这家企业。在我询问他们，到这个月为止，企业的目标达成率是多少，全年的目标进度完成得怎么样时，两个总裁你看看我，我看看你，谁都回答不出来。两位联席总裁都回答不出来说明了什么？这说明整个团队、整个组织都没有关注企业的目标达成进度。于是我告诉两位总裁，不能当“甩手掌柜”，至少要每个月盯一次数据，且必须盯重点策略的执行。两位总裁回答道：“好的，老师，按你的要求，我们把数据和执行盯起来。”但在召开经营分析会时，我发现他们的经营分析会变成了“扯皮会”。

在经营分析会上，我们要求各部门按照“先一线、后二线”的原则，逐个进行业绩汇报，首先是销售部门汇报。可销售部门一汇报完，老板就坐不住了，因为这两个月的业绩下滑非常严重。老板马上询问：“为什么这两个月的业绩这么差？”销售部门回答说：“不能怪我们，怪生产部门。因为生产部门出了严重的质量问题，导致大客户暂停进货，大客户都暂停进货，我们的业绩怎么可能完成得好呢？”于是老板开始责怪生产部门：“生产部门是怎么回事？为什么会出现这样的质量纰漏？”生产部门回道：“这怎么能怪我们呢？怪采购部门，因为他们采购的原材料质量有问题，原材料不行，我们怎么能生产出好产品呢？”

紧接着老板将矛头转向采购部门。采购部门推诿道：“这怎么能怪我们呢？怪财务部门，因为财务部门资金给付不到位，导致长期合作的供货商不肯发货，所以我们才临时找了一家供货商，然后就出现了质量问题。”老板叹了口气，问道：“财务部门是怎么回事？”财务部门也很委屈，说道：“这怎么能怪我们呢？应该怪销售部门啊，货没卖出去，款没结回来，我们又变不出钱来。”……

所有部门转着圈地“扯皮”，互相推诿，没有人愿意承担责任，这是许多企业中老生常谈的问题。开会讨论却没有可执行的决议，也没有人去检查执行结果，按照这种执行管控模式，即使目标策略制定得很科学，企业也不会看到落地的成效。

因此，企业一定要做到议而有决，决而有果。企业若在会议中发现严重影响目标达成、执行不到位的问题，必须形成可落地的执行决议，以推进执行。

同样是在这家企业的经营分析会上，我参会时就要求销售人员必须明确这个月针对大客户客诉处理自己要做哪几件事情，自己的大客户服务计划是什么，如何与大客户重新建立合作关系，例如承诺大客户自己全程跟进产品交付，保证不再出现质量问题……销售人员要将大客户维护好，必须制订明确的行动计划。

当然，生产部门对本月应该承担的事务也要形成决议，比如强化品质管控，绝不能让不良产品流到市场上，尤其是流向企业的大客户；采购部门也需要明确决议，比如针对重要物料的战略供应商开发与储备计划，如果企业有合格供应商目录，一旦某一个供应商出现问题，企业就可以选择其他合格的供应商；财务部门一样要形成执行决议，必须帮销售部门把回款的预警管控抓起来，针对客户超账期、超授信额度的情况，要建立黄色警报甚至红色警报并建议停止发货。

每一个部门都要议而有决，形成执行决议，还要决而有果。

每一项决议按照时间节点检查，做到的打钩，没有做到的打叉，最后和中高管的综合评定挂钩。

企业仅仅把目标策略梳理出来，就期望团队能自觉做到是不太现实的：一方面是行为惯性原因，他们常常晚上想了千条路，早上起来走老路；另一方面是惰性原因，他们不会做企业期望的事，只会做企业检查的事，特别是检查且重奖重罚的事情。所以，企业在检查落地时必须把目标进度和执行盯起来。

上文的农牧企业在进行机制驱动后，就需要从盯数据和盯执行出发，检查落地情况。该农牧企业每个月要盯哪些数据？围绕关键指标盯核心产品每个月的销售数据，看核心产品的销售目标达成进度与占比到底有没有按照预期提升；盯利润达成率，看采购是否有降本等。所以，企业需要将每个月的利润数据核算出来，看看采购决策是否有效，是否能够支持企业采贸利润目标的达成。

同时，该企业要围绕重点战役盯执行。对于各部门的重点行动计划，企业每月要以不低于 20% 的比例进行抽查；对于每月未按计划执行完成的，企业必须按照绩效电网进行问责。在每月的经营分析会上，企业要做到百分百检查会议纪要中确定的决议是否达成，确保议而有决，决而有果。

表 3–6 为某农牧企业的检查落地方案。

表 3–6　某农牧企业的检查落地方案

战略目标	中国教保料第一品牌	
企业年度目标	**经营目标：**利润增长	**管理目标：**提高教保料销售占比
重点策略	核心产品占比提升 人效提升 15% 采购 + 制造降本	
检查落地	盯数据	核心产品销售统计表 采贸利润核算表
	盯执行	月抽查 20% 行动计划 月检查 100% 会议纪要

上文提到的做高端水疗的休闲服务企业，也需要围绕目标策略将数据和执行盯起来。这家面对消费者的企业应该怎样盯数据呢？

首先，企业要对会员的消费记录进行分析，设计会员消费分析表，要求员工按照会员消费目标去跟进会员，促成会员消费。

其次，针对在机制驱动阶段主要推荐的核心项目，企业要设计核心项目消费统计表，关注核心项目的消费占比。

最后，企业需要提升客户极致体验满意度，根据设计的客户满意度调查表，定期跟踪客户的满意度，以了解企业的创新服务有没有得到客户的认可，检查有哪些方面还未得到客户认可，需要改进。

在盯执行上，企业必须每日关注客户极致体验满意度，根据客诉和问题反馈快速响应与改进，每周盯会员发展和核心项目等重点策略的执行效果，进行管理分析和改善，不能只在快到截止日期时或每月快结束时才狠抓。如果每个月只抓月底几天的业绩，对前面的二十多天不管不顾，那么企业很难完成目标，也很难确保重点策略的落地执行。

因此，我们要求企业每日、每周、每月都要抓执行情况。在日例会上，我们要求企业每日跟进客户满意度、新增会员数量、核心项目推荐情况，要求员工每日完成相应的任务；每周，各部门要通报执行成果；每月，企业要根据上月执行情况召开经营分析会，看销售情况和利润表现有没有达到预期目标。

通过日例会、周执行率通报、月经营分析会，企业能够紧盯员工执行情况。表 3-7 为某休闲服务企业的检查落地方案。

表 3-7　某休闲服务企业的检查落地方案

<table>
<tr><td>战略目标</td><td colspan="2">中国高端水疗极致体验的领先品牌</td></tr>
<tr><td>增长目标</td><td>经营目标：业绩增长</td><td>管理目标：极致体验达标</td></tr>
<tr><td>重点策略</td><td colspan="2">活跃会员到店人次
核心项目达成率
极致体验满意度</td></tr>
<tr><td rowspan="2">检查落地</td><td>盯数据</td><td>会员消费分析表
核心项目消费统计表
客户满意度调查表</td></tr>
<tr><td>盯执行</td><td>日例会
周执行率通报
月经营分析会</td></tr>
</table>

通过组织重构、人才优化、执行管控三步，企业的管理被大大激活，能够上接企业战略、下达员工执行，企业最终成为实现一致性增长的灵活组织。

练习　激活管理评估表

表 3–8　激活管理评估表

<table>
<tr><th colspan="5">增长目标</th><th colspan="4">重点策略</th></tr>
<tr><td colspan="5"></td><td colspan="4"></td></tr>
<tr><th colspan="9">激活管理方案</th></tr>
<tr><td colspan="3" rowspan="2">组织重构</td><td colspan="2" rowspan="2">人才优化</td><td colspan="4">执行管控</td></tr>
<tr><td colspan="2">机制驱动</td><td colspan="2">检查落地</td></tr>
<tr><td>做强共享平台</td><td>规划业务团队</td><td>战略伙伴合作</td><td>做减法</td><td>做加法</td><td>动力</td><td>压力</td><td>盯数据</td><td>盯执行</td></tr>
<tr><td></td><td></td><td></td><td></td><td></td><td></td><td></td><td></td><td></td></tr>
</table>

第4章

激活员工“心、脑、手”：实现业绩一致性增长

为什么企业需要激活员工的“心、脑、手”？在激活增长的逻辑中，所有的目标、战略和管理手段都需要人去实施、去落地，如果执行的员工没有意愿、没有能力，又受惰性影响，是很难将前文提到的思维方式、操作方法、目标、路径等落地的，那么所有的增长方法都是一纸空文，所有的增长都是空中楼阁。

激活企业家精神、激活战略和管理，是一个企业家以及中高层十几个人的事，而激活员工是成百上千人的事。一人奋斗与全员拼搏，取得的成果截然不同。

作为激活增长模型中的最后一环，员工执行是企业真正实现业绩提升的关键环节。因为企业的战略、管理规划最终都要由员工来落实执行，最好的企业一定拥有最投入的员工。所以在激活了战略和管理后，企业需要激活员工“心、脑、手”，来实现业绩增长策略的落地。

什么是员工的“心、脑、手”呢？“心”是员工做事的意愿，

也等于员工做事的动力。当企业的目标分解到员工身上时，他们是否发自内心地渴望实现目标？“脑”是员工的能力，有了实现目标的意愿，并不意味着员工就能做好手头的工作，他还要有能力创造关键岗位的核心价值。“手”是执行，有了意愿，有了能力，也不代表员工就能持续地行动。所以，企业还需要激活员工的“手”，让员工通过形成习惯来固化执行模式。

激活“心”：让员工想干、愿意干

激活员工“心、脑、手”的第一步是激活“心”。作为企业经营者，我们在制定好目标，找到达成目标的策略时，会感到很开心、很兴奋，因为企业是我们自己一手创立起来的。但我们只要仔细观察，就会发现员工对此并不在意。很多员工会产生“跟我有什么关系呢”的想法。

这是很多企业在执行上都会遇到的一个令人头疼的问题：员工在内心深处并不认为企业的整体目标与自己有关，因此没有达成目标的渴望。而这种对达成目标的渴望的缺乏，会极大地影响到员工的工作积极性。如果员工执行不积极，企业算了再理性的账、做了再详细的规划又如何？

企业激活员工的“心”，能够打通员工的理性思维与感性思维，让感性激活行为。

许多企业认为，从战略到执行，只需要将战略目标分解给每个员工，再对他们的目标达成结果进行考核即可。在制度与惩罚的约束下，员工不得不完成相应的目标。但它们忽略了一个重要的因素，那就是员工完成目标是主动行为还是被动行为，即工作中员工的积极程度。

因为现实情况是，在企业将目标分解给每个员工后，员工是否真心接受了这个目标是不确定的。即便有制度与惩罚的约束，员工或许也只是被迫完成任务。被迫完成任务与积极主动完成任务甚至突破任务，得到的结果大相径庭。

而激活员工的“心”，能够赋予员工一个强大的行动理由，让员工在这个理由的激励下，积极主动地工作。此时，员工从理性地思考自己的产出与所得，变成了感性地思考怎样更好地完成工作，自主地将战略落地。

激活员工的“心”就好比在员工感性层面，给工作增添了更多情感色彩。比如，一家做环保产品开发的企业的战略目标是在环保材料领域成为第一名，将这个目标分解下去，就是让员工每个月都研发出一款新型环保产品。此时，该企业告诉员工“每个月都要研发出一款新型环保产品，否则就扣绩效”，远远比不上告诉员工“我们是在为全中国、全人类的环保事业做贡献，是在造福子子孙孙”。这就是激活员工的“心”，将员工理性思维与感性思维打通的价值所在。

所以，激活员工的第一个维度，是激活员工的“心”。这里的“心”可以分成两颗心，一颗是爱心，一颗是雄心。爱心滋生出责任心，雄心滋生出事业心。

社会统计学学者研究发现，充满爱的家庭培养出来的孩子的责任心远远强于在没有爱的家庭成长的孩子。一个人的责任心是由爱心激发出来的，一个人爱心的大小决定了他能承担多少责任。如果一个人只爱自己，他就只会管自己的事情，不会顾及他人；如果一个人爱自己、爱家人、爱他人，他就会对这些对象产生责任心；如果他还爱国家、爱社会，他就会有更大的责任心，能够为国家和民族承担更大的责任。一个真正有责任心的人，一定是有爱心的人。

雄心是什么？雄心就是佛家常说的“立大志、行大愿”。一个有雄心的人，就会有事业心，愿意为了自己的事业去拼搏。

为什么我们要将爱心和雄心分开来说呢？因为有些人有爱心却未必有雄心，有些人有雄心却可能没有爱心。如果有雄心而没有爱心，那么这个人将成为为达目的而不择手段的人，只会在乎自己的利益，而不会在乎他人、企业的利益；如果有爱心而没有雄心，那么这个人会成为一个事业心不强的人，只会把自己手头上的事情做好，而不会想着积极进取、向上奋斗。所以激活员工的“心”，既要激活他们的爱心，也要激活他们的雄心，让他们既有责任，也有壮志。

那么，怎么激活员工的爱心和雄心呢？一般来说，驱使人行动的力量分为两种：一是内驱力，二是外驱力。所以，企业在激活员工的“心”时也要考虑两个方面：内在激发和外在激发。内在激发是指用使命唤醒员工，帮助员工认识岗位价值；外在激发是指用机制驱动员工，围绕增长价值设计驱动机制。

内在激发：用使命唤醒员工，帮助员工认识岗位价值

内在激发需要企业塑造、升维岗位价值，让员工对岗位的价值有所认知并产生认同感和使命感。

唐三藏历经九九八十一难上西天取经，是有人逼迫他吗？不是。是有功名利禄诱惑他吗？不是。是因为他的使命在召唤他，是因为他要弘扬佛法、救苦救难。这个使命促使他坚持下去，这比任何外在激励都有用。

企业员工往往没有那么强烈的使命感，但我们可以通过营造相应的环境，塑造员工的岗位价值，来唤醒他们的使命感。当员工对一项工作有了使命感，能从这项工作中感受到自己的意义和价值时，他们就会有强烈的工作意愿和动力。

我们在进入企业进行辅导时，经常会听到有些员工这样说：“以前我觉得我的工作没什么价值，但现在我觉得我的工作很有价值。”

例如前文提到的民营医院咨询部门的员工，刚开始时他们认为自己只需要负责接电话，心情好的时候和客户多聊聊，心情不好的时候随便应付一下客户。后来我们进行了数据分析，给咨询部门的员工算了一笔账：企业最好的一个月咨询转化率为 15%，最差的一个月咨询转化率约为 11%。

这 4% 的差值代表什么？不算不知道，一算吓一跳。数据表明，咨询转化率每降低 0.1%，企业就会减少 30 名客户。按照企业 2021 年的人均消费来计算，减少 30 人意味着业绩损失 50 万元，

那么 4% 的咨询转化率差值就相当于 2 000 万元的业绩损失，而该企业的年营业额也才 7 000 万元左右。也就是说，如果咨询转化率提高 4%，企业就能获得 2 000 万元的业绩增长，对企业业绩增长的贡献巨大。

听完我们的分析，咨询主管说道："我从来没觉得我们的工作这么重要。"

事实上，员工如果不知道自己的工作与企业的战略是什么关系，工作起来就没有动力。要想激发员工工作的动力，企业就必须让员工清楚地认识到自己的岗位价值，认识到行为背后的非凡意义——员工的行为对于企业达成战略目标来说非常重要，员工做到了，企业就做到了。只有这样，员工才会发自内心地对自己的岗位产生责任感和使命感。

企业经营者要激活员工的"心"，就要将大战略转化为小动作，激发员工工作的动力。下文以我们过去辅导的企业为案例，分析激活员工的"心"带来的价值改变。

第一个案例是鲁花花生油企业。该企业有 3 万 ~ 4 万名员工，年营业额过百亿元。我们可以计算一下，如果该企业的每名员工每天多卖 1 桶油，可以为企业带来多大的业绩增长？一桶油的价格约为 130 元，如果 3 万名员工每人每天多卖 1 桶油，300 天就可以为企业多贡献约 12 亿元的销售额。只是每人每天多卖 1 桶油，就能为企业带来如此大的业绩增长，由此可见，即使激活员工一点点，为企业带来的业绩增长价值也是巨大的。

第二个案例是绝味鸭脖企业。绝味鸭脖在十年前就开始与 4N

绩效合作，其当年的年营业额约为 10 亿元，营业目标是增长 1 亿元。但当我们到现场询问其团队对于增长 1 亿元有没有信心的时候，我们却发现很多人都信心不足。

为什么？因为团队认为“增长 1 亿元”是老板的目标，是高管的目标，不是自己的目标，也不知道具体该怎么干才能达成这个目标。甚至当我们询问门店员工时，门店员工会想：“增长 1 亿元，我要多卖多少鸭脖？”所以，大多数员工认为增长 1 亿元是不可能实现的。

但我们真正梳理后发现，只要每个员工每天改善一点点，增长 1 亿元就一点也不难。我们梳理的结果是，员工只需要每单多卖 1 块钱。每单多卖的 1 块钱乘以每天销售的单数，乘以全国所有门店的员工总数，再乘以营业天数（365 天），得出来的结果就是 1 亿元。

当我们告诉团队整个企业的年营业额要增长 1 亿元的时候，团队的信心是不足的。但是在我们将大目标分解成每个员工的小动作，告诉团队只需要每人每单多卖 1 块钱时，团队所有人对于增长 1 亿元就充满信心了。这就是激活员工一点点的大价值。

第三个案例是女鞋制造企业。这家企业要想实现增长，除了关注产量的提升，还要关注利润的增长。但利润增长是老板的事，跟生产一线员工谈企业利润增长，他们是无法理解的。所以，我们需要把企业的大目标转化为员工的小目标。经过梳理，我们发现要想实现利润增长，生产一线员工就要每人每天改善一点点。

在总结整个增长策略时我们发现，该企业有两个生产工序是影响每双鞋材料损耗成本的关键。所以梳理结束后，我们告诉这两个关键生产工序上的员工，每人每双鞋节约损耗1块钱，即每个工序节约1块钱，两个关键生产工序就能使每双鞋节约2块钱。

按照这家企业一年150万双鞋的产量，我们就可以算出它能够增长300万元的利润。不要小瞧这300万元，因为它不是销售额，而是实打实的利润增长。

由此可见，无论是销售人员、生产人员还是其他基础岗位员工，只要能够发现自己每天多做一点点对实现企业战略的巨大价值，就能体会到工作的意义，从而激发出自身对岗位的认同感和责任感。

外在激发：用机制驱动员工，围绕增长价值设计驱动机制

内在激发是激发员工动力系统中相当重要的一个手段，但是面对数量庞大的员工，企业不能只通过内在激发来解决员工的做事意愿问题，因为通常只有20%的人能够被内在激发。

“天下熙熙，皆为利来；天下攘攘，皆为利往。”外在的驱动机制主要是物质激励和一部分精神激励，能让员工感到有利益、有面子、有晋升通道，为了这些，大部分员工都愿意努力工作。所以企业还要进行外在激发，即通过一定的机制设计，给予员工外驱力，让员工有足够的动力去落实执行企业的经营增长规划。

在企业的驱动机制中，员工收入主要有两个部分：底薪和绩

效收入。企业在设计驱动机制时，如何分配这两部分的比重，才能激励员工持续奋斗呢？大部分企业经营者都知道，只有绩效收入高，才能真正激励员工为自己干，持续创造价值。

然而现实情况是，企业在驱动机制设计中普遍存在两大问题：一是绩效占比太低；二是绩效平均主义。

为什么企业经营者知道应该设置高绩效却不敢这样做呢？根本原因在于，企业经营者认为当下企业采用高底薪制度都招不到人，如果降低底薪，就更招不到人了。事实上，高底薪会大大降低员工的工作热情，员工只要每月拿到底薪，就不会再努力去拿并不多的绩效。比如，一家企业的销售员工底薪为每月 1 万元，绩效为每月 2 000 元，那么员工可能根本不会为了这 2 000 元绩效努力，因为 1 万元底薪已经足够他们生活。

还有一些企业维持员工原有薪资不动，额外再拿一部分钱出来作为绩效奖金。这样做，首先摆在企业面前的是拿多少钱出来作为绩效奖金的问题：加的钱不多，绩效占比低，对员工的激励性不足；加的钱多，企业是否能够负担起这部分额外支出。这些都是企业需要考虑的。同时，在保证员工原有薪资不动的情况下，大部分员工没有必须干好的压力，不会去改变自己，努力的还是那一小部分的优秀员工。这种高底薪、低绩效机制形同虚设，难以释放出激励价值。

绩效平均主义是指企业将员工绩效浮动系数设置为 0.8 ~ 1.2，不敢拉开差距。比如，有些企业的员工绩效工资占月度工资的 20%，也就是 1 万元的工资中有 2 000 元的绩效工资。按照

0.8 ~ 1.2 的浮动系数，员工的绩效工资在 2 000 元的基础上上下浮动 20%——400 元，这样的绩效浮动“不疼不痒”，根本无法体现出员工绩效价值贡献的差异。甚至还有企业为了在考核评价中规避主管出于维持团队内部和谐而“故意”给员工打高分的情况，设置了强制分布规则，即每月只有个别员工可以拿到 1.2 的系数，这导致主管给员工打分变成了“轮流坐庄”，员工可以轮流拿到最高的绩效奖金。机制设计如果无法调动人心，反而变成企业与员工的“博弈”，就失去了绩效激励的意义。

在此，我们要告诉企业经营者的是，低底薪不等于低收入。当员工认为自己能够达成高绩效，对拿高工资有信心时，员工就不会计较低底薪。在我们辅导过后实行低底薪、高绩效机制的企业中，员工的平均薪资水平都要高于同类型其他企业员工的平均薪资水平。因为高绩效机制激发员工去奋斗、去创造，所以企业人均产出高，员工绩效收入高，企业业绩不断增长，企业与员工实现了增长共赢。

那么这个机制该如何设计？企业需要把握的关键点是：找到岗位的核心增长价值，围绕增长价值来设计驱动机制。

以我们辅导的一家纺织企业为例，由于该企业主营纺织贸易，因此在企业的所有员工中，仓储工人占据了相当大的比例。仓储工人属于最基础的工种，不仅要很辛苦地干体力活，而且岗位工资并不高，所以人员流动性非常大——该企业的仓储工人年离职率约为 146%，相当于招 1 个人就流失 1.5 个人。

为了让员工更好地帮助企业实现业绩增长，该企业计划进行薪资调整，希望通过加薪解决仓储工人留用问题。过去，该企业仓储工人的薪资构成为每月 3 000 元的底薪加年底双薪，但这种薪资标准不高的固定工资模式无法激励员工，仓储工人明显干劲不足。所以该企业决定采取两个举措：

第一，由于员工离职率高、人手不足，为了保证出货效率，让员工多干活、少请假，企业计划设置 100 元全勤奖。员工如果全月不请假，就能多拿 100 元。

第二，为了提高出货的准确率，企业计划增加 300 元的绩效工资，但要考核差错。员工工资加到 3 300 元，如果发货出错，每出错一次就在 300 元绩效工资中扣除一定的金额。

但是，这样的机制设计并未给企业带来期望中的效果。为什么？首先，由于企业本身人手不足，员工工作太累，他们宁愿不要 100 元的全勤奖也要请假。既然没有人在乎 100 元的全勤奖，那么这个机制就失效了。其次，面对 300 元的绩效工资，员工发现机制导向中存在多做多错、少做少错、不做不错的问题，做得多反而可能拿到的奖金少，所以员工出勤不出力，企业仍然无法完成每天的出货量目标。

这家纺织企业的做法其实和很多企业推行绩效机制的思路是相似的，即原有工资不敢动，增加绩效做考核，但结果往往是人工成本增加了，绩效机制却没有激活员工，成了鸡肋。机制驱动的关键在于找到岗位的增长价值，围绕增长价值进行精准的机制设计，从而实现员工增收、企业增利，实现绩效共赢。所以我们帮这家纺织企业重新进行了机制设计。

该企业需要仓储工人这个岗位贡献的核心增长价值是什么？这个岗位的增长点主要有三个：一是出入库数量，二是发货及时，三是发货准确。

首先，围绕出入库数量，我们对仓储工人平均每人每天出货条数进行了核算分析，在此基础上设置了超标提成。如果员工每天的工作量超过人均出货条数，他就可以获得按照超标条数计算得出的出货奖金（超标条数 ×A 元）。换句话说，多做多得。只有这样，企业才能激励员工努力增加出入库数量。

其次，围绕发货及时问题，我们设置了出货日清绩效奖金。如果该仓储班组当月的出货计划都实现了日清，那么该班组的员工每人可以获得 200 元的绩效奖金。这样做的目的是让班组所有人有共同的目标，相互督促一起完成每日的任务量，即使有人请假，其他人也会帮他完成任务。

最后，企业还要保证发货准确，控制发货差错率。为此，我们设置了个人发货零差错奖金。仓储工人当月未发生发货差错，便可额外获得 100 元的奖励。

表 4–1 为该企业的绩效机制调整方案。

表 4–1　某纺织企业的绩效机制调整方案

价值维度	绩效指标	个人	集体
出入库数量	人均出入库条数	+ 超标条数 ×A 元	
发货及时	出货日清		+ 200 元（每人）
发货准确	发货零差错	+ 100 元	

通过这样的机制调整，每位员工每天的出货条数都在增加，人均可以拿到 5 000 元的月薪，而且因为大家共同关注出货日清和发货零差错，所以即使仓储人员从 50 人缩减到 32 人，企业也一样完成了出货目标。同时，企业经营者调整了考勤制度，主动将员工每月休假时间调整为 4 天，因为公司要的是出货量和人效，而不是无效拉长员工工作时长，这才是实现绩效共赢的良性循环。

这就是外在激发，企业需要做的是找到关键岗位支撑企业业绩增长的核心价值，通过机制设计让员工与企业保持增长目标一致、利益一致，让员工有足够的意愿推动企业实现业绩增长。

综上所述，激活员工的“心”即激活员工的爱心和雄心，其做法并不复杂，抓住两个关键点即可：一是内在激发，对在岗员工进行岗位价值的培训，让员工产生认同感和使命感；二是外在激发，围绕关键岗位的增长价值，设计驱动机制。

需要注意的是，员工的爱心和雄心不是一两天就能产生的，企业激发时需要长期坚持，营造良好的氛围和环境，在潜移默化和直接刺激的共同作用下，使员工的爱心和雄心被激发出来。

激活“脑”：让员工有干好的能力

有的员工做店员做得很好，但是企业在将其提拔为店长后，却发现失去了一个好店员，多了一个“坏”店长。为什么会这样？因为能力不匹配。店员需要的专业技能是销售和服务，而店长需要的专业技能是管理员工。一个好店员必然拥有较强的做事意愿，但如果管理能力跟不上，再好的店员也无法成为好店长。

员工的意愿很重要，但仅有意愿却不够，因为有意愿做并不代表有能力将事情做好。一个人嗷嗷叫未必能打胜仗，还可能撞得头破血流。

所以在激活了员工的“心”后，企业下一步要做的就是激活员工的“脑”。

企业要想在短时间内激活员工的“脑”，让关键岗位的员工推动企业快速取得增长成果，应该如何做？这儿有三个行之有效的方法：一是找出一招制敌的核心策略，二是复制标杆，三是塑造企业的学习力。

一招制敌

一招制敌是指企业要找到关键岗位支撑利润增长的核心策略，分析出需要员工每人每天多做的一点点及具体做法，将大目标分解为小动作，给员工赋能，让员工快速掌握执行方法，取得增长成果。

例如，我们前文提到过一家做高端水疗的休闲服务企业，其战略目标是成为中国高端水疗极致体验的领先品牌。通过策略聚焦，我们针对该企业制定了一套策略组合拳，即通过提高客流量、提高客单价和提高复购率（极致体验满意度）来支撑企业经营增长，其中活跃会员的发展和维护是提高客流量的重中之重。

表 4–2 为该企业的激活经营增长方案。

表 4–2　某休闲服务企业的激活经营增长方案

战略聚焦	中国高端水疗极致体验的领先品牌
目标聚焦	销售增长 + 提高极致体验满意度
策略组合拳	提高客流量 + 提高客单价 + 提高复购率（极致体验满意度）
重点策略	活跃会员的发展和维护

对活跃会员的发展和维护负责的关键岗位是会员管家。那么，企业接下来要做的就是激活会员管家的“脑”，为其找到一招制敌的核心策略。

经过分析，我们找出了会员管家一招制敌的关键动作，即每人每天新增两个会员。如何才能做到每人每天新增两个会员？这就需要进行更加深入的策略分析。

会员管家要做的核心工作大致可以分为三个部分：一是班前准备，二是将到店新客户转化为会员，三是唤醒沉睡会员。

在班前，会员管家需要熟悉当月的会员政策，为之后的会员转化做好充足的准备工作。同时，对于预约成功的客户，会员管家需要进行预约确认，并在当日给予客户温馨的提醒，确保客户能够按时到店体验和消费。客户到店后，会员管家需要及时跟进，做好客户的会员转化工作。

那么，怎样才能更好地吸引客户成为会员呢？

首先，要让客户体验各种会员的专属服务，让客户感受到会员与众不同的尊崇价值。比如，会员管家可以在用餐时间让客户提前体验会员专享的餐品服务。其次，在客户体验完后，会员管家不要急于达成销售，因为企业的目的是用极致的服务吸引客户成为会员，而不是靠生硬的推荐促成销售。所以会员管家要做的是关注客户的体验感，询问客户在体验了会员的专属服务后是否满意。如果客户对体验项目非常满意，那么会员管家便可以推荐客户成为会员，并告知客户会员的权益和相关政策，促成客户的转化。

一般到这个环节，客户就会转化为会员，但是也不排除存在客户有些犹豫，需要再考虑一下的情况。为了不浪费到店的优质客户资源，会员管家还需要再做一个关键动作：回访跟进。对于当日未成功转化的客户，会员管家需要在3日内进行回访，了解客户的体验感受，邀约客户再次到店体验会员服务，创造会员转化机会，提高会员转化率。

除将到店新客户转化为会员外，唤醒沉睡会员也是新增优质会员的主要方法，因为这些沉睡会员不仅对企业的服务有体验和认知，而且有会员储值余额尚未消费，一旦被激活，他们就会是为企业业绩快速增长做出贡献的优质客户。因为过去该企业采用的是统一唤醒策略，效果不佳，所以会员管家需要先进行会员分析，了解会员的消费偏好，在此基础上制订个性化唤醒方案，针对会员喜爱的服务项目给予专属优惠，吸引沉睡会员再次到店。由于沉睡会员已经是企业的优质会员，要想激活这些客户，企业就需要让客户感受到服务的升级，因此在沉睡会员到店后，会员管家可以让其体验高端会员专属服务，吸引客户重新成为活跃会员。

图 4–1 为该企业关键岗位一招制敌的核心策略。

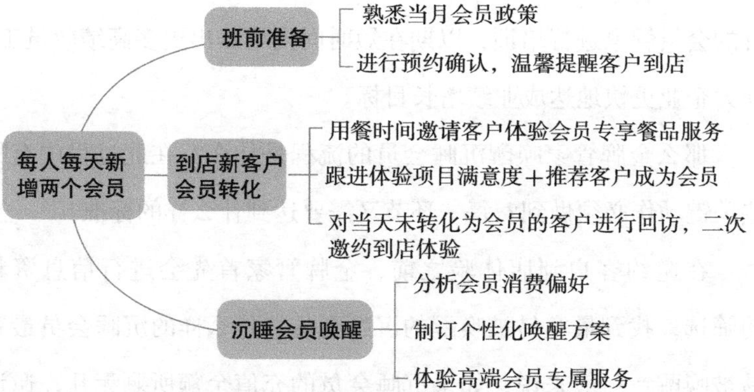

图4–1　某休闲服务企业关键岗位一招制敌的核心策略

以上就是对会员管家一招制敌策略的分析。激活员工的“脑”不是要让员工十项全能，而是要围绕经营增长，为员工找到清晰而具体的策略方法，快速赋能员工，让关键岗位的员工具备为企业贡献增长价值的专项技能。

复制标杆

为了进一步提高关键岗位员工的能力，企业还可以将高绩效员工、优秀员工的方法和技巧提炼出来，进行标杆人才的复制。我们将其称作标杆工程，即找到标杆、分析标杆、复制标杆。

在上述休闲服务企业中，我们识别出新增会员数量排名第一的是金牌管家。在进行标杆员工分析后，我们发现金牌管家除转化新会员外，对于唤醒沉睡会员也有丰富的经验，激活效果非常好。所以，我们将金牌管家唤醒沉睡会员的流程整理出来，对所有的会员管家进行培训，以期在短时间内培养出更多高绩效员工，助力企业更快地达成业绩增长目标。

那么金牌管家唤醒沉睡会员的流程是什么？在此过程中有哪些关键动作必须做到？每一环节又需要达到什么样的标准？

在邀约客户到店体验之前，金牌管家首先会进行信息资料的筛选，找到最容易被唤醒的沉睡会员。什么样的沉睡会员最容易被唤醒？一般来说，如果沉睡会员的充值余额所剩无几，邀请其重新到店充值消费就会比较困难，根据金牌管家的经验，拥有2 000 ~ 5 000 元余额的沉睡会员最容易被唤醒。

经过筛选，金牌管家做的下一个动作是对每个会员进行分析，找出会员感兴趣的服务项目，制订个性化唤醒方案，在明确个性化唤醒方案的基础上再进行电话邀约。

在电话邀约时，金牌管家会通过强调两个关键信息来唤醒沉睡会员：一是提供统一的会员专享餐品服务，且不断进行菜品的创新；二是提供专属的服务项目优惠，用客户最喜欢的项目打动客户，重新激活他们。

金牌管家的最后一个关键动作是进行邀约确认，记录会员的到店时间，做好服务的安排和跟进工作。

表 4–3 为该企业金牌管家的沉睡会员唤醒流程。

表 4–3　某休闲服务企业金牌管家的沉睡会员唤醒流程

时长	动作	标准
5 分钟	查看资料	筛选出余额为 2 000～5 000 元的沉睡会员
5 分钟	分析客户	分析会员消费偏好
3 分钟	电话邀约	会员专享餐品服务推荐，客户喜爱项目的专属优惠说明
实时跟踪	确认记录	记录会员到店时间，做好服务的安排和跟进工作

企业通过标杆工程找到标杆、分析标杆、复制标杆，能够让更多的会员管家掌握最佳的一招制敌方法，将高绩效员工的能力转化成团队的能力，帮助企业快速取得增长成果。

塑造企业的学习力

如果把激活员工的“脑”比喻成帮助一棵树长成参天大树，那么一招制敌和复制标杆就是修剪枝叶的方法，而更重要的是塑造企业的学习力，形成利于树木成长的土壤。员工能力提高的土壤，就是企业的学习力。

纵观各大优秀企业，比如华为、字节跳动、腾讯等，企业的学习力都很强。通过分析这些企业，我们可以发现它们都具有三个特点：一是学习频次高，企业员工不是每年学习，而是每月、每周甚至每时每刻都在学习；二是学习力度足，也就是学习得比较深入，经常复盘，挖掘经验；三是全员学习，学习氛围好。当下的成就只代表当下，以后的成就则取决于这家企业的学习力强不强。一家全员热爱学习的企业，后续发展一定不容小觑。

根据这三个特点，我们可以发现企业的学习力要从三个维度塑造：第一个维度是向标杆学习；第二个维度是学后投入实践，形成产出；第三个维度是实践后自我反省、复盘。这可以简单归纳为：学习别人，转身就用，成长自己。

向标杆学习

塑造企业学习力首先要向标杆学习。标杆之所以成为标杆，一定是因为他们在某些方面有过人之处，学习标杆的思维、做法，便能成就我们自己的事业。古往今来，没有一个名人大家不热爱学习，比如：曾国藩即使饱受癣疾、目疾、手指酸痛等病症的困扰，夜夜失眠，且每天要处理海量的公务，也坚持每晚温书；稻盛和夫 65 岁选择出家，就是为了再次寻找人生的意义。

华为有一个说法是“一杯咖啡吸收宇宙能量”，这代表了其超强的学习能力。自创立以来，华为就不断学习，向世界级标杆企业学习，向同行学习，向合作企业学习，最终才成为今天的华为；方太也是一家学习型企业，要求员工每日“读一刻经”，学习中华传统优秀文化，以此塑造员工的品德和学习古人的优秀思维方式。

所以，塑造企业的学习力首先是学习，只有不断学习，企业才能不断提升自我能力。

学后投入实践，形成产出

真正的高手是学以致用的。许多企业看起来热爱学习，其实是在做“假动作”，因为它们只学，却没有实践和产出。将学习到的知识运用于企业实践，最终提高工作效率、产出更优质的产品，才算是真正的学习。

实践后自我反省、复盘

有些企业学习后投入实践，却没有形成产出，或者产出的效果没有达到预期目标，是什么原因？因为学完标杆、投入实践后，企业还要自我反省和复盘。学习别人是为了成长自己，所以自我反省必不可少。许多人都学习标杆，但并不反省自身，学完就忘，等于白学。曾国藩每日学习，学后还通过写日记的方式不停地反省自己，将自己的日记给老师看，请老师批评，最终才成为一代大家。

只有学习力、实践力、反省力三力合一，良性循环，企业才能塑造出真正的学习力。华为就能够学习标杆，然后投入实践，最后进行复盘，让他人的知识成为自己的知识。

综上所述，在激活员工的“脑”时，企业经营者不仅要为员工找出一招制敌的核心策略，还要将标杆员工的最佳方法教给员工，快速提高关键岗位员工为企业贡献增长价值的能力，再推动企业员工热爱学习，塑造企业的学习力，从而真正打通从战略、管理到执行的一致性，做到抓住关键、聚焦增长。

激活“手”：让员工立刻干、坚持干

“心”动了，“脑”动了，是否就意味着员工被完全激活了呢？

当然不是。因为员工的岗位价值贡献＝心 × 脑 × 手，三者必须同步激活，少了任何一个环节，效果都会大打折扣。

所以，企业经营者还需要激活员工的“手”，让员工的“手”也跟着“心”和“脑”同步动起来。意愿和能力会影响执行，人的习惯也会影响执行。

知易行难，我们在进入企业辅导时，经常看到这样的情况：很多员工听时很激动，过后却一动不动；或者执行的时候慢半拍，不能在第一时间完成；更有甚者三天打鱼、两天晒网，不能坚持执行。为什么？一是因为人类天生的惰性，他们懒，不愿意执行；二是因为他们习惯了这样做，长期以来他们都是这样做的，突然让他们转变，很难成功。所以激活“手”的关键是打破惰性和惯性，推动员工执行，只有这样企业才能取得想要的增长成果。

如何打破惰性和惯性？一要内修，二要外修。内修是指靠员工自我反省和自我驱动打破；外修是指通过外部的检查评估、奖惩来打破。

有的员工很自觉，能够通过自我反省改变自己，在认知到位后，能够立刻行动起来。但大部分员工不是如此，因为这很难，通常只有少部分人能够做到。此时我们就需要外部力量来促使我们行动。比如，有的孩子早上喜欢赖床，没有早起的意愿和动力，也不会反省自己，要想让他早起，只有靠他的父母叫他起床——在外力的迫使下，他不得不起床。

按照这个逻辑，我们可以从外部督促员工，抓员工的行为习惯，让他们养成快速执行的习惯。在将核心策略梳理出来，形成一招制敌的方法后，企业还要想办法将其落实到员工每周、每日的工作中，变成员工的执行习惯，固化下来。企业需要一套能够持续强化人的习惯的执行系统，否则员工就会产生熵增懈怠。

比如上一个案例中的会员管家这个岗位，企业经营者通过为会员管家找到一招制敌的策略，实现“每人每天新增两个会员”，通过复制标杆把金牌管家的唤醒流程教给员工，之后，企业还要将这些内容落实到他们每周、每日的执行中。

如果不将这些内容落实到执行中，形成固定的习惯，员工通常就会半途而废，刚开始积极对待，越往后越懈怠，最后所有的策略、方法都变成一纸空文。

从企业管理来说，盯员工日常的工作执行是困难的。对于重点战役，我们可以按关键节点检视追踪，而员工执行是每日甚至每时每刻都在发生的，最佳的方式是让员工养成执行习惯。当养成执行习惯后，即使没有外界监督，员工也会自然地做出习惯性动作，确保策略和方法的贯彻执行。

企业经营者要想让员工形成良好的执行习惯，必须依靠一定的工具和手段，即借助一定的外力。在激活员工的“手”时，企业经营者可以使用时间圆饼图来固化员工的执行习惯。

什么是时间圆饼图？时间圆饼图是一种时间管理工具，企业可以通过时间圆饼图让员工清楚地知道什么时间该做什么事，并要求员工按此规律长久地执行下去。

绘制时间圆饼图要执行三个动作：第一个动作是要求员工如实记录当下的时间安排，识别出自身工作的高效时段、低效时段；第二个动作是设计一招制敌的增长动作，让员工按照这个动作去做，并找出每日或每周的最佳执行规律；第三个动作是要求员工优化自己的工作时间安排，形成新的时间圆饼图，并坚持按照新时间圆饼图上的时间执行，提升效率。

以上文提到的休闲服务企业中的会员管家为例，其必须在每天的工作中将一招制敌的核心策略和标杆的流程方法落实到位。因此，企业需要通过分析整理出会员管家一天的最佳执行方案，做好时间规划，画出时间圆饼图。

会员管家的上班时间是 17:00，因为晚上才是客户的主要消费时间段。过去会员管家通常会等到上班后再邀约客户，但此时客户可能已经安排好了晚上的活动，所以邀约的成功率不高。因此，企业需要重新进行时间安排。经过优化，会员管家应在每天 15:00 ~ 16:00 这个时间段进行客户的邀约、预约确认和提醒。

到 17:00 正常上班时，会员管家需要对当日到店体验的客户进行情况分析，做好服务安排。

18:00 ~ 19:30 是会员用餐的高峰期，根据一招制敌的核心策略，会员管家需要在此时间段推荐客户体验会员专属的餐品服务，并且及时了解客户对餐品的满意程度。

20:00 ~ 22:00 通常为客户体验休闲服务项目的时间段，这时会员管家的主要工作是跟进客户对体验项目的满意程度，适时发展客户成为会员。

到了 0:00（下班时间），会员管家需要做好交接工作，准备好当日未转化为会员的客户资料，便于次日进行回访和再次邀约。

以上就是该企业会员管家每日执行的最佳时间规划，最终画出的时间圆饼图如图 4–2 所示。

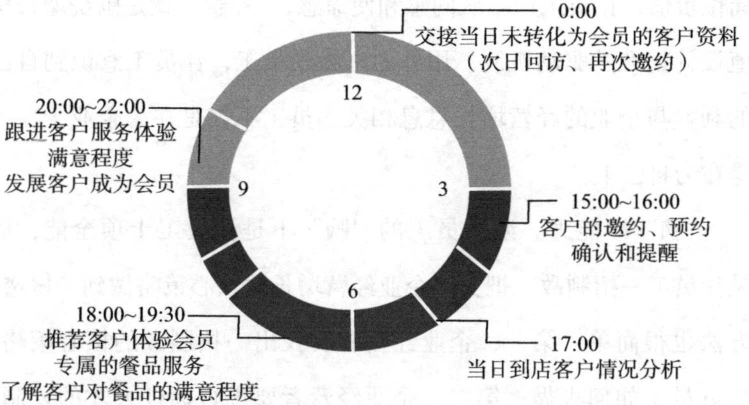

图4–2　某休闲服务企业会员管家的每日执行时间圆饼图

找出执行规律，做好时间规划，让员工按照每日的时间安排执行，形成长期的执行习惯，这就是企业在激活员工的“手”时需要做到的。

在激活增长模型中，激活员工是最外层也是最基础的箭头，是企业在打通战略、管理、执行三个维度的一致性时必须做到的最后一个环节。员工每人每天多做一点点，就能为企业带来业绩增长。

激活员工并不复杂，企业经营者首先要根据增长规划找到支撑经营增长的关键岗位，然后同步激活关键岗位员工的“心、脑、手”，快速实现企业的经营增长和团队的共赢。

“心”即意愿。激活员工的“心”只需把握两个关键点：“内急”和“外急”。“内急”就是要让员工具备一定的岗位责任感，企业经营者在招聘时就要选择有责任心的员工，同时塑造和升维岗位价值，让员工产生认同感和使命感；“外急”就是围绕增长价值设计精准的驱动机制，用外力来激励员工，让员工意识到自己的利益与企业的经营增长息息相关，员工不仅是在为企业干，更是在为自己干。

“脑”即能力。激活员工的“脑”不是让员工十项全能，而是让员工一招制敌，把支撑企业经营增长的核心策略做到、做透。方法也很简单：第一，企业经营者要找出一招制敌的核心策略，告诉员工如何去做；第二，企业经营者要进行标杆人才的复制，用最好的方法赋能员工。

“手”即执行。激活员工的“手”就是让员工养成每日、每周的执行习惯。具体来说，企业经营者可以使用时间圆饼图来做好时间规划，固化员工的执行习惯。

很多企业经营者都感叹找不到增长机会，真的是市场上没有增长机会吗？不是没有增长机会，而是企业没有打通从战略到管理再到执行的增长一致性。

《吕氏春秋》中有一句话：“万人操弓，共射一招，招无不中。”这句话的意思是很多人拿着弓朝一个靶子射箭，就一定会射中。当企业经营者真正将战略、管理和员工执行都聚焦在突破增长上时，企业就一定能取得好的增长成果。

员工“心、脑、手”的激活效果评估

关键岗位的贡献价值评判

企业在激活员工的“心、脑、手”之前，要明白一个大前提：企业不需要将所有的员工都激活。因为企业是很难在短时间内激活所有员工的，所以企业要做的是锁定承接企业战略性经营增长成果的关键岗位，优先激活这些岗位上的员工。

那么，哪些岗位是承接企业战略性经营增长成果的关键岗位？

答案是实现企业业绩增长的关键岗位，或者影响成本率、利润增长的关键岗位。这些关键岗位的贡献价值决定企业业绩、利润的变化，而关键岗位的贡献价值就由员工的“心、脑、手”相乘得出，即：岗位贡献价值＝心 × 脑 × 手。

如果企业员工的“心”是 0 分，那么一切归零，再好的战略思维、经营思维都无法落地。很多企业的想法很好，但执行落地却一塌糊涂，这就是因为员工的意愿不强，“心”不凝聚。无数个曾经辉煌一时的企业几乎都是从内部开始灭亡的，其根本原因就是“心”的分崩离析。

有的员工有“心”无“脑”，比如很多新员工意愿强烈、干劲十足，但能力不足、专业度不够，最终的执行效果也会大打折扣。

还有一类员工既有意愿也有能力，但就是没有干出成果，为什么呢？因为他们“坐而论道”，却不“起而执行”。他们一执行就受惰性影响，习惯性地逃避问题，最终结果当然也不尽如人意。

企业可以将员工“心、脑、手”三个维度的评分均设为0～10分，以此对关键岗位员工进行评估，判断员工的岗位贡献价值。

如果在一个关键岗位上，员工有足够的意愿，“心”是10分，有足够的能力，“脑”是10分，同时还踏踏实实地去做，“手”也是10分。那么这个关键岗位的贡献价值是多少？$10\times10\times10=$ 1 000分。

反之，如果在这个关键岗位上，员工的意愿不够，“心”只有5分；员工具备基本的能力，但能力不够突出，“脑”只有5分；不仅如此，员工在执行上也没有真正将工作做实、做透，“手”也只有5分。那么最后的贡献价值是多少？$5\times5\times5=125$分。

1 000分是125分的8倍。只是每个维度差了那么一点，最后得到的贡献价值却相差如此之大。这说明在激活关键岗位的员工时，企业必须同步激活员工的“心、脑、手”，如此才能真正实现贡献价值的最大化。

例如，有两家主营业务类似的企业，企业A创办于1985年，企业B创办于1987年，两家企业对员工的“心、脑、手”的激活程度不同，最终的发展情况也不同。我曾在课堂上请企业家为这两家企业员工的“心、脑、手”打分。

在给企业B的员工的“心”打分时，企业家的意见很一致，纷纷表示可以给企业B的员工打10分，因为企业B通过各种手段传达出来的使命、愿景、价值观以及机制，让员工意愿、动力十足。在给企业A的员工的“心”打分时，企业家的分数有些出入，但都集中在 5 分、6 分。我问他们为什么打这么低的分，有一位企业家告诉我他曾经就是企业 A 的中层管理者，企业 A 的激励机制往往只针对高层管理者，不涉及中基层员工，所以中基层员工的意愿不强，在“心”这一维度只能打 6 分。

在给企业 A 和企业 B 的员工的“脑”打分时，企业家的分数很一致，两者都是 10 分，因为这两家企业的员工都是名牌大学毕业的知识分子。

紧接着给企业 A 和企业 B 的员工的“手”打分，企业家给企业 B 的员工的“手”打了 10 分，因为企业 B 以高绩效和高执行力为导向，员工的执行力很强。而对于企业 A，企业家的打分是 6 分，因为意愿会影响执行力，员工意愿不强，执行力肯定也很差。

综合这三项打分，我们可以得出结果：企业 A 的最终分数为 6×10×6=360 分；企业 B 的最终分数为 10×10×10=1 000 分。这也就是为什么十几年后，企业 B 的营收达到 6 000 多亿元，而企业 A 的营收只有 1 000 多亿元。

运用这个公式，我们可以预测两家竞争型企业的员工水平，以此判断企业最终的发展情况。

如何评判员工的“心、脑、手”是否被激活

怎么判断一家企业员工的意愿强不强呢？“心”是否被激活到位了？我们可以从三个方面出发。

一是看企业员工的走路速度。如果我们站在企业门口，看到企业的员工走路速度很快，这说明他们的意愿强、动力足，愿意抓紧时间工作；如果员工走路慢悠悠的，这说明他们的意愿弱、动力不足。

二是看中层管理者的开会状态。员工意愿强的企业，在开会时大家会热火朝天地讨论，有时甚至会吵到面红耳赤，因为大家都希望为企业发展出一份力，都希望将自己的工作完成好。员工意愿不强的企业，在开会时通常只有老板一个人发言，员工不提建议，也不谈怎么做好工作，只谈如何区分责任，因为他们都不愿意承担责任，只想推卸责任。

三是看高层管理者经常谈未来还是过去。员工意愿强的企业，高层管理者谈未来，总是能以发展的眼光看待事物，积极面对未来可能面临的挑战。员工意愿不强的企业，高层管理者谈过去，谈过去赚到多少钱，是怎么做的，是如何辉煌的，沉溺于过去的成绩无法自拔。

从这些简单的维度，我们就可以判断出企业员工的意愿是否强烈，动力是否充足。当然，这些方法侧重感性体验，还有很多科学的方法和评判工具，比如调查问卷、员工流失率分析等。在评判过程中，我们可以采用感性体验与理性分析相结合的方式。

怎么判断一家企业员工的能力够不够呢？“脑”是否被激活到位了？

员工的能力分为显性能力和隐性能力两种。显性能力是指我们能够看到的员工的工作能力，而验证员工工作能力的方法有很多，比如过去法——看他过去的经验、资历等，现在法——看他现在能否胜任本职工作，未来法——假以时日他能否成功胜任本职工作。其中，未来法通常应用在新员工或刚调整岗位的员工身上。

隐性能力是不能直接观测出来的能力，其中最关键的是员工的学习力。我们判断一名员工是不是高手，除了看他做了什么，还要看他是怎么做的，从哪种角度思考的，这些彰显的是这名员工的学习力。

怎么判断一家企业员工的执行力强不强呢？“手”是否被激活到位了？

企业评估员工的执行力，主要看员工的反应速度和持久性。员工的反应速度快，行动就快，一接到任务就能马上开始做。我们常说一个人干活利索、手脚麻利，就是指这个人执行力强，干活速度快。光快也不行，还得坚持，也就是员工行动的持久性，两者缺一不可。当员工反应速度快且能够坚持时，他的执行力就非常强。

练习 “心、脑、手”激活方案设计表

表 4–4 “心、脑、手”激活方案设计表

关键岗位	“心”（意愿）	“脑”（能力）	“手”（执行）

后记　一致性是增长核心

行文至此，本书已经进入尾声。本书不是发挥想象力、挥洒灵感写出来的，而是在年复一年、日复一日的经营辅导中“干”出来的，是从无数企业真实的成败中萃取出来的经营规律。

这是一本指导实践的书，从实践中来，又到实践中去。每位读者从中获得的指导实践的经验和方法及认知事物的方式，都受到自身阅历的影响，可能全然不同，也可能略有相似。

在我们讲解“激活增长”这门课程时，经常有学员将其中的激活方法作为管理工具单独使用，比如他只想将员工激活，便只使用激活员工“心、脑、手”的方法；或者他只想做好管理，便只使用激活管理的工具。

但是，在阅读本书时，大家不应将这四个部分割裂开来，而应从经营全局的角度去学习。这也正是我们在书中多次强调的一致性，是激活增长体系的核心。

为什么?

单靠某一种力量驱动，或只学习某一部分的知识，能不能帮助企业实现利润增长呢?能。但这种增长不是长期的，或者说它们只能短暂地起作用，不能维持企业长期的利润增长。

就像有的企业家学习、使用了激活员工的方法，提高了员工执行的效率，但若没有激活企业家精神、激活战略性增长、激活管理，那么这种提高只会是暂时的，员工根本坚持不了几天。

实现企业利润增长不是一朝一夕的事，更不是只依赖一个点就能达成的。只有全面理解增长的规律，整个企业从上到下都明确自己的任务，环环相扣、步步为营，增长才能长期持续。

一致性是增长的关键，是激活增长体系的核心。这里的一致性是指从战略到执行的一致性。从激活企业家精神到战略聚焦、目标聚焦和策略聚焦，都是在确认企业的增长山头；在增长山头确定后，解决架构、人才和执行管控的一致性，这是利用管理使企业向上攀登，从而爬上增长山头，是具体的打法；最后的执行就需要激活员工的“心、脑、手”，找出岗位的关键增长点，围绕关键增长点设计“心、脑、手”模型，最终取得业绩成果，这是让执行与目标、打法匹配。

整个激活增长体系贯穿企业家、高管、中层和基层，联动企业内部所有人员，既体现了方法的一致性，也体现了人员的一致性。

那么，企业经营是不是只有这四个版块的知识呢?当然不是。经营管理哲学无穷无尽，我们不可能掌握所有，也不可能在企业经营实践中用上所有的经营管理哲学。但无论什么类型的企业、什么规模的企业、什么目标的企业，要想增长，都绕不开这四个版块。所以，我们提出了激活增长模型，希望能让所有企业家首先在认知上弄清这四个版块的知识，再用学到的知识反哺实践。

激活增长模型本身是一个很大的命题，每一个版块的知识单拎出来讲解，都可以讲上三天三夜。但是大道至简，简单才有力量，简单才好落地，所以我们在做的事情就是"扎口袋"，即将所有的经营管理哲学简化，把激活增长的主逻辑串联一遍，让企业家能够在三个月、六个月或一年内，将这套系统的主轴搭建好，推动企业增长。

这也正是我们所归纳的激活增长模型看起来很简单的重要原因。但看起来简单，做起来却绝非易事。真正用好激活增长模型，对于企业家来说不亚于西行取经，正因如此，激活增长模型才会显得生动又有趣。希望大家在使用激活增长模型时，都是"取经者"，能够体会到在经营路上修行的快乐，持续实现突破性增长。

附录　企业激活增长案例解析

为了帮助大家更好地理解激活增长的一致性，我们借助两个案例来承接企业激活增长从战略、管理到执行的全部内容。由于这两个企业的企业家都有强烈的增长需求，因此本部分没有对“激活企业家精神”这一环节进行讨论。

To B企业：OEM制造

我们曾辅导过一家传统OEM[①]制造企业，该企业的主营业务是电子类产品的代工生产。但由于电子类产品市场竞争白热化，OEM客户基于自身的经营压力，不断压缩供应价格，导致整个产业链的利润空间不断缩小，因此该企业的业务毛利润逐年下降，

① OEM：Original Equipment Manufacturer，指原始设备制造商，俗称代工生产。

有些订单的毛利润甚至已变为负数。

该企业多年来只为两家大客户提供 OEM 制造配套服务，但由于市场订单需求多变，客户采购部门的计划变动也大，导致企业产生大量库存。同时，大客户对订单准交要求高，急单、插单多，需要企业加人加班赶订单，致使企业的成本压力也越来越大。业务毛利润下降，生产成本增加，还有大量无效库存，企业盈利变得困难。

但是，该企业高层对于是否进行战略变革的意见并不统一。有人认为必须要进行战略变革，否则可以预见企业未来 2 ~ 3 年一定会陷入亏损状态；也有人认为目前服务的两家大客户都是世界 500 强级别的企业，来自这两家客户的 OEM 业务量是企业生存经营的基础，如果放弃这部分 OEM 业务，不要说未来亏损，企业当下就是亏损的，所以在找到新客户、新业务之前，他们无法下定决心变革。

既然如此，该企业究竟该何去何从？我们用激活增长的逻辑来帮助它打通一致性。由于该企业的企业家精神十分充足，因此我们从激活战略性增长开始。

激活战略性增长

激活战略性增长从三步入手，即战略聚焦、目标聚焦和策略聚焦。

战略聚焦

我们首先对该企业进行了经营诊断，并对它的业务订单结构进行了损益分析。分析后我们发现，虽然从整体上说，该企业电子类产品的 OEM 业务毛利润在逐年下降，但有一部分订单在近两年却呈现出增长的趋势，业务毛利润表现较好。这部分订单属于云伺服器的制造配套业务。

随着互联网和 5G 通信的快速发展，云伺服器行业在未来几年会有较好的增长。就该企业目前的情况来说，这部分业务的毛利润表现也足够说明问题。基于此，我们帮助该企业重新进行了战略聚焦。

该企业聚焦的行业是电子制造，由于多年来只为两家世界 500 强级别的大客户提供服务，其核心竞争优势在于品质稳定，而高品质也是大客户的核心需求，因此它的差异化定位是品质领先。

在业务取舍上，我们帮助该企业找出了高毛利润业务和低毛利润业务的特征，对客户的订单进行评估，砍掉了大量低毛利润订单甚至负毛利润订单，聚焦高毛利润订单。

从未来发展上看，原本占企业业务份额较大的电子类产品 OEM 业务已经进入成熟期，且呈现出薄利衰退的趋势，所以这类业务需要锁定的战略性增长成果是利润最大化。与此同时，企业要加快战略性新项目的培育、孵化，实现从 OEM 到 ODM[①] 的转

① ODM：Original Design Manufacturer，指原始设计制造商。ODM与OEM的区别在于，OEM只负责代工生产，而ODM不仅负责生产，还负责产品的研发与设计。

型、跨越，在云伺服器这个领域创造出 ODM 的制造优势，成功走向企业的“第二曲线”，进入新的生命周期。

由于新开发的 ODM 业务处于初创期，因此企业需要重点关注目标市场客户数量，致力于 ODM 目标客户的专项开发。

根据以上分析，我们最终得出了该企业的战略聚焦表，如附表 1 所示。

附表 1　某 OEM 制造企业的战略聚焦表

企业名称	某 OEM 制造企业	年营业额	5 亿元
战略聚焦	定位	品质领先	
	行业	电子制造	
	区域	欧美	
	产品	电子 OEM + 云伺服器 ODM	
发展阶段	☑ODM 初创期　□ 成长期　☑OEM 成熟期　□ 衰退期		
战略性增长成果	OEM 业务利润最大化 ODM 新业务需进行目标客户开发		

目标聚焦

首先，对于该企业来说，已经进入成熟期的 OEM 业务要抓利润。同时，为了成为云伺服器领域的 ODM 优质制造商，成功实现战略转型，该企业还要抓 ODM 客户开发。所以，基于该企业的战略目标，我们锁定了它的年度经营和管理目标。

其次，关键部门协同目标有六个：一是销售部门要提高销售毛利润，同时进行 ODM 客户开发；二是研发部门需要通过研发降本来提高利润，并且协助销售部门实现 ODM 客户的成功导入；三是生产部门需要根据研发部门的降本要求，抓标准成本符合率，降低生产成本损耗，同时保证生产品质；四是采购部门需要进行采购降本，同时保证采购品质；五是人力资源部门要紧盯人效，还要针对 ODM 客户开发进行销售和技术人员的招聘；六是物控部门需要协同抓订单准交率以及呆滞库存下降。

附表 2 为该企业的目标聚焦表。

附表 2　某 OEM 制造企业的目标聚焦表

战略目标	ODM 优质制造商	
企业年度目标	经营目标：利润	管理目标：ODM 客户开发 2 个
关键部门协同目标	部门	协同目标
	销售	销售毛利润 + ODM 客户开发 2 个
	研发	研发降本 + ODM 客户成功导入
	生产	标准成本符合率 + 生产品质
	采购	采购降本 + 采购品质
	人力资源	人效 + 销售和技术人员招聘达成率
	物控	呆滞库存下降 + 订单准交率

针对基层员工，我们没有设 KPI，而是将他们纳入项目制的目标，区分哪些进入 ODM 项目，哪些进入降本项目；至于中高管，我们根据协同目标设定了相应的 KPI。

策略聚焦

实现目标聚焦后，我们就需要进行增长策略组合拳的梳理。该企业的年度经营目标锁定的是利润，而实现利润增长的两大方向是提高毛利率和进行成本费用管控。

在提高毛利率方面，我们主要是对该企业的订单进行评估，不是所有订单都接收，而是要找到高毛利润业务和低毛利润业务，砍掉低毛利润订单。同时，该企业还要提高高毛利润业务的占比，进行 ODM 高毛利润业务的开发。

在成本费用管控方面，采购降本是重点。我们整理出该企业用量排名前十的物料，按照物料的分类，分别采取以量议价的降本策略、调整采购渠道的降本策略、开发替代材料的降本策略和大宗物资行情监控策略，进行专项降本。

同时，人工成本也是该企业需要重点关注的方面，为此我们进行了编制优化，形成岗位的最佳配置，将人员缩减 1/3，以提高人效、降低人工成本率。

此外，该企业还需要进行库存优化：首先是对已有的呆滞库存进行盘点，区分哪些需要客户买单，哪些需要清库，哪些可以在生产中再次利用，并进行相应的处理；其次是优化生产排程，进行日监控，每周与客户进行产销的对接，追踪出货达成率，避免新增呆滞库存。

附图 1 为该企业的经营增长系统策略。

其中 ODM 高毛利润业务开发是该企业实现战略性增长的重中之重，因此我们需要围绕这一点进行策略的细化。

在目标客户层面，首先，企业需要锁定目标客户，做好整体性的开发规划；其次，企业需要对现有客户的云伺服器订单进行分析，形成标杆案例，证明企业有这样的能力和项目经验以获得目标客户认同；最后，企业需要对新客户进行精准的营销分析，明确对每个客户有效的营销开发策略。

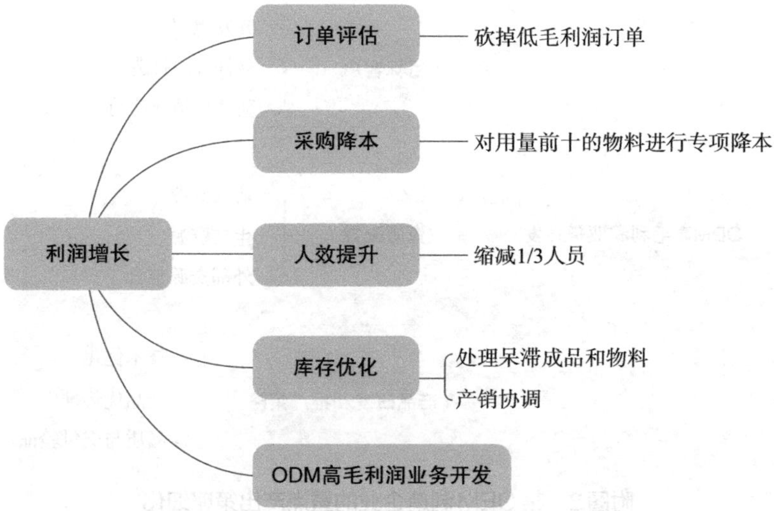

附图1　某OEM制造企业的经营增长系统策略

在目标客户锁定后，企业还需要对资源配置进行思考：研发资源如何配置？生产资源如何优化？针对某些不具备的专业能力，企业如何整合外部机构的战略合作资源来进行补足，以支撑新项目的成功开发？

资源配置完毕后，企业要为产品开发项目制订明确的项目计划，按里程碑节点进行开发，打造产品竞争力，并整理产品的包装推广和营销资料。同时，该企业还需要通过产品的品质与交付验证，成为目标大客户的合格供应商，成功拿到供应商资格。

附图2为该企业的重点产出策略细化。

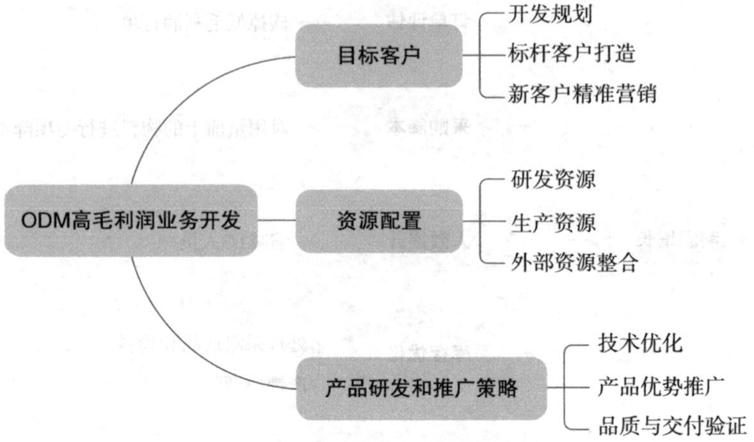

附图2　某OEM制造企业的重点产出策略细化

激活管理

在形成策略组合拳的基础上，我们要激活管理。

首先，我们对该企业的架构、人才进行了调整：合并计划部门和仓储部门为物控部，对订单准交和库存管控负责；将分散的原料采购、五金采购和行政采购职能交由采购部统筹管理；同时，对人员配置做了减法——缩减生产低效人员，又基于战略发展做了加法——引进业务和研发方面的高阶人才。

其次，在执行管控方面，我们进行了机制设计：把中高管的月度绩效工资与KPI挂钩，按季度、年度设置了增量利润分红，并给ODM业务项目组设置了战略性项目的高额项目奖金。同时，在执行检查方面，我们让该企业紧盯标准成本库存分析、人力地图，紧盯月度经营分析会、项目周例会，并成立了三人执行小组，专门进行执行检查。

激活员工“心、脑、手”

对于该企业来说，支撑 ODM 客户成功开发的关键岗位是研发团队和业务项目组。所以，我们需要对研发团队和业务项目组的员工进行“心、脑、手”的激活。

在“心”的方面，围绕客户成功开发，我们进行了驱动机制设计：第一，针对业务项目组，设置新客户商机 PK 奖，让各小组进行 PK；第二，针对研发团队，设置新技术开发成功奖，激励研发团队开发高质量的新技术，以获得客户的认可，帮助企业实现从商机到项目的转化；第三，设置新项目提成奖金包，一旦新项目开发成功，奖金包由业务项目组和研发团队共享。

在“脑”的方面，该企业的一招制敌策略是通过为新客户提供精准营销服务，达到每组每月发展两个新项目机会的目标。因此，我们整理出了针对新客户进行精准营销的服务流程。

在“手”的方面，由于关键岗位员工负责的是项目开发，因此企业很难把握他们每日的执行规律。那么该怎么办？企业应该抓每周执行习惯，设计周时间圆饼图，做好项目团队每周跟进客户、了解商机并进行确认的周时间规划。在此基础上，企业还需要用项目周报表追踪员工的每周执行成果。

附表 3 为该企业的关键岗位员工“心、脑、手”激活方案。

附表 3　某 OEM 制造企业的关键岗位员工“心、脑、手”激活方案

关键岗位	“心”（意愿）	“脑”（能力）	“手”（执行）
业务项目组 研发团队	新客户商机 PK 奖 新技术开发成功奖 新项目提成奖金包	每组每月发展两个新项目机会 新客户精准营销服务流程	周时间圆饼图 项目周报表

当我们将整个激活增长逻辑梳理清楚并实施后，这家企业最终取得了转型、增长的有效成果。在项目验收时，该企业的利润率整体提高了 6%，成功开发了 ODM 业务客户。同时，因为我们设计了相应的机制让中高管都来关注企业的利润增长，所以中高管的平均收入增长了 80%，实现了企业与核心管理团队的共赢。

To C 企业：珂兰钻石

我们曾经辅导过“网销钻石第一品牌”珂兰钻石，这家企业连续多年在京东、天猫钻石品类销量排名第一。这家从互联网起家的企业，通过快速做大流量获得多轮融资，与我们合作时，它已经被上市集团并购了。上市集团要求它在高增长的同时实现盈利，并设置了利润对赌目标。

但珂兰钻石此时的盈利状况却不容乐观。它的主推产品是裸钻，其网销销量排名第一也主要是靠销售裸钻快速获得流量，所以裸钻在珂兰钻石整个业务份额中的占比非常大，但裸钻的毛利润非常低。同时，为了获取流量而进行全网络、全渠道营销投放，也导致珂兰钻石的营销费用非常高。这就造成这样一个局面：珂兰钻石的销量非常高，却几乎没有利润。

于是我们按照激活增长的逻辑，从激活战略性增长开始帮助珂兰钻石进行销量和利润双增长的复盘。

激活战略性增长

珂兰钻石在战略性增长上也需要从战略聚焦、目标聚焦和策略聚焦三步入手。

战略聚焦

珂兰钻石的高层曾经有过战略摇摆，想大量开设线下专柜、线下专卖店。可作为一家拥有互联网基因的公司，珂兰钻石完全不具备线下连锁门店运营的经营管理优势，根本无力与传统的行业线下实体巨头竞争。

于是，我们还是要坚定战略选择，聚焦珂兰钻石的优势——网销，依然将它的战略设定为做网销钻石第一品牌。但是基于发展 S 曲线，珂兰钻石已经从初创期的快速打市场、用户流量增长、融资输血阶段，进入了成长期，既要业绩增长保持线上份额领先，也要自主盈利实现利润增长。

目标聚焦

根据战略，珂兰钻石此时已经从初创期进入了成长期，而成长期既要利润，也要保持销售增长率，两个都不能丢，这也正是珂兰钻石的目标聚焦。所以，公司高层要对净利润负责，达成上市集团设置的利润对赌目标。

最影响珂兰钻石利润的是两个关键目标：一是销售毛利润，销售团队和商品团队一定要提升毛利润贡献，不能再大量卖裸钻等低毛利润产品，必须把销售毛利润抓上来，提高利润率；二是营销费用，市场营销部门既要保持客资增长以实现销售增长，也要关注营销费用 ROI（投资回报率）以提升投入产出比。

这些目标策略到达员工层面时要简单，因为员工无法对公司净利润负责，而是需要公司确定高毛利润产品，让他们聚焦主推产品销售，实现对公司的毛利润增长贡献。所以我们给员工设置了主推产品销售目标，让员工抓主推产品销量达成。

策略聚焦

将目标策略梳理出来后，企业就要形成整个策略路径。

第一个策略是选出高毛利润产品作为核心产品，提高其销售占比。企业要从营销推广、采购备货到团队培训和机制倾斜等，形成一套组合策略。企业的营销推广资源要聚焦核心产品的推广投放。

珂兰钻石属于珠宝行业，需要大量的资金做采购备货，但企业的资金不可能保证所有产品同步备货，所以企业要把资金优先用来保证核心产品备货，因为核心产品不能断供。

为了让员工把核心产品卖好，我们还设置了单独的 PK 机制，让员工聚焦核心产品销售。因此，我们锁定了核心产品策略，即把裸钻销售占比 70% 调整为企业核心产品的单品系列占比达到 15% 以上。

第二个策略是优化产品结构。原本的新品开发是商品部觉得什么好卖就开发什么，没有进行产品损益的分析，但现在需要提高毛利润，企业就要对产品结构进行优化。所以我们建议企业增加新品评估，筛选出高毛利润新品二十款，淘汰部分毛利润低且销量低的产品，确保在整个产品结构中高毛利润产品占比达到 30%，以提高产品的综合毛利润。

第三个策略是提升营销费用 ROI。影响珂兰钻石利润的第二大部分是重点成本费用，也就是营销推广成本。所以，珂兰钻石在营销推广上，要确保有效客资增长，但是不能再全渠道、全网络、全平台投放广告，而是聚焦重点市场、重点渠道和重点产品做营销推广，提升投入产出比。

企业还要进行机制匹配：针对中高管设计 KPI，把中高管的月度绩效工资与 KPI 挂钩，促使其每月关注重点指标的达成；同时设计利润奖金包，让所有的核心管理人员按照企业达到的利润目标，参与利润分红，确保核心管理人员一起关注利润达标。

附表 4 为珂兰钻石的目标聚焦和增长策略组合。

附表 4　珂兰钻石的目标聚焦和增长策略组合

战略目标	网销钻石第一品牌	
企业年度目标	提升利润 + 保持网销客户数量增长	
关键部门协同及策略组合拳	部门	协同目标 + 策略组合
	销售 + 商品	提高销售毛利润 + 主推核心产品
	市场营销	聚焦重点市场、重点渠道和重点产品做营销推广
	采购	核心产品备货不断供
	人力资源	绩效导入（中高管月度绩效工资 ×KPI + 利润分红；基层销售主推星耀系列 PK 激励）

激活管理

按照经营规划，激活管理要优化架构、人才和进行执行管控。

在架构上，珂兰钻石原本在 To B 和 To C 端分别有产品部，这两个产品部的主要工作局限于引进新品和备货的基础职能。但现在企业要抓产品毛利润，产品部的核心职能就需要升级，以为企业提供产品规划和产品损益分析的专业化职能管控支持，因为到底主推哪些产品，以什么样的产品结构来支撑企业整体毛利润的提升，都是需要统筹分析管理的。

于是我们成立了专业的产品中心，把从前的两大产品部集中到一个产品中心，由产品中心负责整体的产品规划，增加商品总监和商品分析专员，减少低效开发买手，引进高毛利润新品，对毛利率进行分析和管控，缩减总的产品 SKU（最小存货单位）数，确保产品的综合毛利润提升。

企业要将这些举措落实到位，就要检查落地，即盯数据和盯执行。围绕目标数据，要盯哪些数据表单呢？这也是令许多企业头疼的问题，但数据分析不要求企业配备所有数据表单，而要求企业明确什么数据表单是必须要抓的。

珂兰钻石要确保销售和利润的双增长，所以要求财务部每月出具财务经营分析报告，关注利润的变化；产品中心要关注产品综合毛利率的提升，所以需要每月通过产品毛利润分析表进行产品结构损益的分析；销售团队要通过主推星耀系列产品的销售来支撑销售和利润增长，所以要设计主推产品销售统计表，明确各个区域、各个店铺、各个员工的主推产品销售达成率，进行排名关注。

企业要将这些重点数据表单配备起来，抓执行管控：每月抓经营绩效分析会，盯重点部门的经营绩效数据和策略执行复盘，确保销售和利润双增长的策略达成；每周抓执行率检查，围绕会议决议和各部门的作战计划盯有效执行。

珂兰钻石的激活管理方案如附表 5 所示。

附表 5　珂兰钻石的激活管理方案

优化架构、人才		执行管控	
做加法	做减法	盯数据	盯执行
成立产品中心 增加商品总监＋商品分析专员	减少低效开发买手	财务经营分析报告 产品毛利润分析表 主推产品销售统计表	每月抓经营绩效分析 每周抓执行率检查

激活员工的“心、脑、手”

第一个动作是激活员工的“心”。企业要围绕主推的星耀系列产品设计激励机制，将星耀系列的主推产品提成翻番，让员工有足够的动力去销售主推产品；同时设置月度PK奖，每月销售额排名前三的员工可获得额外的PK奖金，而排名末位的员工要做俯卧撑，并拍成小视频发到企业群中。

第二个动作是激活员工的“脑”。企业要想将星耀系列产品卖好，必须对员工进行能力通关测试。企业要将销售星耀系列产品最好的销售人员的销售流程梳理出来，对员工进行培训，让每个员工通关，复制更多的高绩效人员。

第三个动作是激活员工的“手”。企业要每天通过专属的微信群通报星耀系列产品的销售排行榜，将区域排名、门店排名和员工的个人排名“晒”出来，让所有人都知道自己和他人的销售状况，促使他们每天关注主推产品销售达成，养成着重销售主推产品的习惯。

在一系列主轴逻辑打通后，在项目验收时，珂兰钻石的核心产品也就是星耀系列产品，销售额增长了236%。同时，珂兰钻石的有效客资增长了21.5%，To B和To C端的同比销售额增长了50%。

通过这两个案例，我们相信大家对整个激活增长模型有了更清晰的认识。企业激活增长，并不复杂。企业每年务必要对增长一致性进行一次全局复盘，因为只有打通一致性，企业才能成为敏捷型组织，真正实现可持续增长和团队共赢。